INHALT

Einführung: Die Macht der Social-Media-Monetarisierung 2

Aufbau einer ansprechenden Online-Präsenz 17

Instagram-Monetarisierungsstrategien 34

Facebook-Monetarisierungsstrategien 55

Andere Social-Media-Plattformen 85

Optimieren Sie Ihre Social-Media-Strategien 101

Rechtliche und ethische Überlegungen 114

Erstellung eines Businessplans für die Monetarisierung von Social Media 126

Navigieren durch Veränderungen auf Social-Media-Plattformen 155

Fazit: Die Zukunft der Social Media Monetarisierung 172

Einführung: Die Macht der Social-Media-Monetarisierung

Im digitalen Zeitalter hat sich die Landschaft der sozialen Medien exponentiell weiterentwickelt. Plattformen wie Instagram und Facebook sind nicht mehr nur Orte, um die unvergesslichen Momente des Lebens zu teilen oder sich mit Freunden zu verbinden. Sie sind zu mächtigen Wegen für die Monetarisierung geworden und verwandeln Likes, Shares und Kommentare in greifbare Einnahmen. Aber was genau ist die Monetarisierung von Social Media und wie kann sie Ihre Online-Präsenz in ein profitables Unternehmen verwandeln? Tauchen wir ein.

Die Monetarisierung von sozialen Medien ist der Prozess, bei dem Sie Einnahmen aus Ihren Social-Media-Aktivitäten erzielen. Es kann viele Formen annehmen, von gesponserten Beiträgen und Affiliate-Marketing bis hin zum Verkauf von Produkten oder Dienstleistungen und sogar dem Betrieb kostenpflichtiger Mitgliedschaftsplattformen. Es geht darum, Ihre Social-Media-Follower und -Inhalte zu nutzen, um Einnahmen zu generieren und Ihre Leidenschaft für soziale Medien in ein florierendes Geschäft zu verwandeln.

Die Bedeutung der Monetarisierung sozialer Medien kann nicht unterschätzt werden. Mit über 1,35 Milliarden Nutzern auf Instagram und mehr als 2,8 Milliarden auf Facebook bieten diese Plattformen eine noch nie dagewesene Möglichkeit, ein riesiges, vielfältiges Publikum zu erreichen. Sie haben die digitale

Marketinglandschaft verändert und ermöglichen es jedem, von angehenden Influencern bis hin zu etablierten Unternehmen, einen globalen Markt direkt an den Fingerspitzen zu erschließen.

Um dies zu veranschaulichen, nehmen wir das Beispiel einer Erfolgsgeschichte aus dem wirklichen Leben, Kayla Itsines, eine Personal Trainerin aus Australien. Sie begann damit, Fitnesstipps und Fortschrittsfotos auf Instagram zu teilen. Als ihre Follower-Basis wuchs, begann sie, ihr Konto durch gesponserte Beiträge und den Verkauf ihres Trainingsprogramms, des Bikini Body Guide (BBG), zu monetarisieren. Heute hat Kayla eine Fangemeinde von über 12 Millionen und ein geschätztes Nettovermögen von 486 Millionen US-Dollar, was das immense Verdienstpotenzial von Social Media beweist.

Das soll nicht heißen, dass jeder Social-Media-Nutzer Millionär wird, aber es unterstreicht die Tatsache, dass es ein potenzielles Einkommen gibt. Laut einer aktuellen Umfrage der Influencer-Marketing-Plattform Klear liegt der Durchschnittspreis für einen gesponserten Instagram-Post bei etwa 1.000 US-Dollar pro 100.000 Follower. Bei einem Facebook-Post ist die Rate sogar noch höher und liegt im Durchschnitt bei 1.500 US-Dollar pro 100.000 Follower. Diese Zahlen zeigen, dass selbst eine bescheidene Fangemeinde mit den richtigen Strategien und Partnerschaften zu beträchtlichen Einnahmen führen kann.

Es ist jedoch wichtig zu beachten, dass es bei der Monetarisierung nicht nur um die Anzahl der Follower geht, die Sie haben. Engagement ist der Schlüssel. Eine kleinere, aber engagiertere Fangemeinde kann profitabler sein als eine größere, weniger aktive. Ein Beispiel dafür ist Emily Schuman vom Lifestyle-Blog Cupcakes and Cashmere. Obwohl sie weniger Follower hat als viele namhafte Influencer, monetarisiert sie ihr starkes Engagement erfolgreich durch gesponserte Posts, Affiliate-Links und ihre eigene Bekleidungs- und Haushaltswarenlinie.

Die Monetarisierung Ihrer Social-Media-Präsenz muss sich auch nicht auf Partnerschaften und Sponsoring beschränken. Viele Kreative und Unternehmen verkaufen ihre Produkte oder Dienstleistungen direkt über diese Plattformen. Instagram und Facebook verfügen beide über "Shop"-Funktionen, mit denen Benutzer Produkte durchsuchen und kaufen können, ohne die App zu verlassen. Zum Beispiel verkauft die Kleinunternehmerin Sarah Turner ihren handgefertigten Schmuck über ihren Instagram-Shop und erreicht damit Kunden auf der ganzen Welt, die sonst außerhalb der Reichweite ihres lokalen Geschäfts wären.

Zusammenfassend lässt sich sagen, dass die Monetarisierung von Social Media ein mächtiges Werkzeug in der digitalen Welt ist. Es bietet Einzelpersonen und Unternehmen die Möglichkeit, ihre Online-Präsenz in ein umsatzgenerierendes Unternehmen zu verwandeln. Mit den richtigen

Strategien, dem Verständnis Ihrer Zielgruppe und ansprechenden Inhalten können Sie dieses Potenzial ausschöpfen und Ihre Leidenschaft für soziale Medien in Gewinne verwandeln. Egal, ob Sie ein Influencer, ein Kleinunternehmer oder einfach nur jemand sind, der es liebt, sein Leben online zu teilen, die Welt der Social-Media-Monetarisierung ist offen und wartet auf Sie. Lassen Sie uns also eintauchen und herausfinden, wie Sie gemeinsam soziale Gewinne meistern können!

Die Rolle von Instagram und Facebook

In der dynamischen Landschaft des digitalen Zeitalters sind Social-Media-Plattformen zu den neuen Marktplätzen, den neuen Stadtplätzen und den neuen Kunstgalerien geworden. Im riesigen Universum der sozialen Medien leuchten zwei Konstellationen besonders hell: Instagram und Facebook.

Instagram mit über 1,35 Milliarden Nutzern weltweit ist nicht mehr nur eine Foto-Sharing-App1. Es ist eine lebendige Welt, in der Bilder und kurze Videos mehr sagen als Worte, in der Influencer zu Stars aufsteigen, in der Unternehmen visuell beeindruckende Schaufenster erstellen und in der jeder Nutzer ein Schöpfer sein kann. Instagram Stories und IGTV erweitern die Reichweite der Plattform und ermöglichen Echtzeit-Interaktionen und längere Videoinhalte. Und Instagram-Shopping? Es ist, als würde man durch ein globales digitales Einkaufszentrum gehen, in dem jeder Beitrag ein potenzielles Produkt ist, das darauf wartet, erkundet zu werden.

Dann haben wir Facebook, die Großmutter der sozialen Medien, die immer noch robust ist und eine erstaunliche Nutzerbasis von über 2,8 Milliarden im Jahr 2021 hat. Die anhaltende Anziehungskraft von Facebook liegt in seiner Vielseitigkeit: Es ist ein Ort für Freunde und Familien, eine Plattform für Unternehmen, ein Marktplatz und sogar eine Bühne für Live-Events. Facebook-Gruppen fördern Communities, Facebook Marketplace bietet lokale Einkäufe auf Knopfdruck und Facebook-Seiten dienen als zuhause für Unternehmen und Persönlichkeiten.

Warum sollte man sich also auf Instagram und Facebook konzentrieren? Hier sind vier überzeugende Gründe.

Erstens haben sie die Zahlen. Die riesige Nutzerbasis von Instagram und Facebook bedeutet, dass Ihr potenzielles Publikum riesig ist. Sie sind die meistgesuchten sozialen Plattformen bei Google, und das spricht Bände über ihre Popularität und ihren Nutzen2.

Zweitens erfüllen ihre einzigartigen Funktionen unterschiedliche Inhaltsanforderungen. Instagram mit seinem visuell ausgerichteten Ansatz eignet sich perfekt für die Präsentation von Produkten, Blicken hinter die Kulissen und Lifestyle-Inhalte. Facebook ist mit seinem textfreundlichen Format ideal für detaillierte Beiträge, Kundeninteraktionen und den Aufbau einer Community.

Drittens sind sie geschäftsfreundlich. Sowohl Instagram als auch Facebook verfügen über Funktionen, die für Unternehmen entwickelt wurden: Instagram Shopping,

Facebook Marketplace, Unternehmensprofile und detaillierte Analysen. Ganz zu schweigen von der robusten Werbeinfrastruktur, mit der Sie Anzeigen präzise ausrichten und Ihre gewünschte Zielgruppe effektiv erreichen können.

Schließlich lassen sie sich nahtlos ineinander integrieren und ermöglichen eine Cross-Promotion von Inhalten und eine plattformübergreifende Sichtbarkeit. Sie gehören derselben Muttergesellschaft und bieten integriertes Anzeigenmanagement und Post-Sharing, was es Unternehmen erleichtert, auf beiden Plattformen präsent zu sein.

Stellen Sie sich Instagram und Facebook als zwei Seiten derselben Medaille vor, jede mit ihrem einzigartigen Wert und ihrer Anziehungskraft. Stellen Sie sich vor, Sie sind Schmuckdesigner. Instagram ist der Ort, an dem Sie Ihre glitzernden Kreationen in hochauflösenden Fotos, kurzen Videos des Designprozesses und Stories präsentieren können, die einen kleinen Einblick in Ihr Studio geben. Facebook ist der Ort, an dem Sie die Geschichten hinter Ihren Designs teilen, mit Ihrer Kunden-Community interagieren, eine Live-Sitzung veranstalten, in der Sie Ihr Handwerk präsentieren, und vielleicht sogar einen Marktplatz für den Direktvertrieb erstellen.

In den folgenden Kapiteln werden wir uns eingehender damit befassen, wie Sie die Macht von Instagram und Facebook nutzen können, um Ihre Präsenz effektiv zu monetarisieren. Vom Verständnis von Algorithmen und Nutzerverhalten bis hin zur Erstellung ansprechender Inhalte und effektiver Werbestrategien decken wir alles ab.

Denken Sie daran, dass Instagram und Facebook mehr als nur soziale Plattformen sind – sie sind leistungsstarke Tools für das Unternehmenswachstum, die Einbindung des Publikums und die Markenbekanntheit. Und mit diesem Leitfaden sind Sie auf dem besten Weg, diese Plattformen für sozialen Profit zu meistern.

Monetarisierung vs. regelmäßige Nutzung

Willkommen an der Kreuzung der Social-Media-Welt, wo der eine Weg zum gelegentlichen Surfen, Teilen und Engagement führt, während der andere den Weg zur Monetarisierung und zum Geschäftswachstum ebnet. Den Unterschied zwischen der Nutzung sozialer Medien für den persönlichen Gebrauch und der Monetarisierung zu verstehen, ist vergleichbar mit dem Erkennen des Unterschieds zwischen einem Spaziergang im Park und einer strategischen Schatzsuche.

Bei der persönlichen Nutzung von Social Media, dem Spaziergang im Park, geht es um Verbindung und Ausdruck. Hier postest du deine Urlaubsfotos, teilst deine Gedanken zum neuesten Film mit oder wünschst deinen Freunden alles Gute zum Geburtstag. Es ist lässig, macht Spaß und ist uneingeschränkt. Sie streben nicht eine bestimmte Anzahl von Likes, Shares oder Kommentaren an. Du könntest zum Beispiel ein Bild von deinem entzückenden Haustier posten, nicht um Tierprodukte zu verkaufen, sondern einfach, um ein Stück deines Lebens zu teilen und deine Freunde zum Lächeln zu bringen.

Auf der anderen Seite ist die Monetarisierung von Social Media eine strategische Schatzsuche. Es geht darum, Ihre sozialen Plattformen in Geschäftswerte und Einnahmequellen zu verwandeln. Das bedeutet nicht, dass Sie aufhören, authentisch oder engagiert zu sein, aber es bedeutet, dass jeder Beitrag, jedes Like, jede Freigabe oder jeder Kommentar ein Schritt in Richtung eines bestimmten Ziels ist: Gewinn.

Wenn Sie beispielsweise ein Fitnesstrainer sind, kann die Verwendung von Instagram für die Monetarisierung darin bestehen, Trainingstipps zu teilen, für Ihre Online-Kurse zu werben oder Ihr Fitness-E-Book zu verkaufen. Jeder Beitrag wird sorgfältig erstellt, um Ihr Publikum anzuziehen, zu engagieren und zu konvertieren. Sie können eine Vorher-Nachher-Kundentransformation teilen, nicht nur, um ihren Erfolg zu feiern, sondern auch, um Ihre Coaching-Effektivität zu demonstrieren und neue Kunden zu gewinnen.

Im Bereich der Monetarisierung ändert sich die Dynamik des Engagements. Sie erhalten nicht nur Likes; Sie bauen Markenbekanntheit auf. Sie gewinnen nicht nur Follower; Sie bauen einen Kundenstamm auf. Sie posten nicht nur Inhalte; Sie bieten einen Mehrwert, der Ihr Publikum auf subtile Weise zu einer Kaufentscheidung führt.

Ein persönlicher Benutzer kann posten, wann immer er Lust dazu hat, aber ein monetarisierender Benutzer folgt einem Inhaltsplan, der auf den Online-Aktivitätsmustern seines Publikums basiert, um die Sichtbarkeit und das Engagement zu maximieren. Persönliche Nutzer können Hashtags gelegentlich verwenden, aber monetarisierende Nutzer recherchieren und verwenden trendige und branchenspezifische Hashtags, um ein breiteres Publikum zu erreichen.

Stellen Sie sich zum Beispiel einen Schmuckdesigner vor, der Facebook für die Monetarisierung nutzt. Anstatt zufällige Bilder zu posten, teilen sie hochwertige Fotos ihrer Schmuckstücke, veranstalten Live-Sessions, in denen ihr Herstellungsprozess vorgestellt wird, und erstellen Beiträge, die eine Geschichte über ihre Marke erzählen. Sie nutzen gezielte Facebook-Anzeigen, um potenzielle Kunden zu erreichen, die an handgefertigtem Schmuck interessiert sind, und sie interagieren regelmäßig mit ihren Followern, um Kundenbeziehungen aufzubauen.

Auch die Erfolgskennzahlen variieren. Ein persönlicher Social-Media-Nutzer könnte sich mit einer hohen Anzahl von Likes oder Kommentaren erfolgreich fühlen, während ein monetarisierender Nutzer den Erfolg in Bezug auf Conversion-Raten, Verkäufe oder Lead-Generierung messen würde.

Denken Sie daran, dass es bei der Monetarisierung sozialer Medien nicht darum geht, die Plattform oder Ihr

Publikum auszubeuten. Es geht darum, einen echten Mehrwert zu bieten und einen treuen Kundenstamm aufzubauen. Es geht darum, Ihre Leidenschaft in Gewinn zu verwandeln, Likes in Leads und Follower in Kunden zu verwandeln. Der Weg von der persönlichen Nutzung bis zur Monetarisierung ist aufregend, herausfordernd und äußerst lohnend. Also lasst uns gemeinsam auf diese Reise gehen!

Die Auswirkungen des Engagements

Verlobung. Dieses einfache Wort ist die Magie, die die Voraussetzungen für die Monetarisierung von sozialen Medien schafft. Es ist das Lebenselixier Ihrer Online-Präsenz, der Motor, der Ihr Unternehmen auf Plattformen wie Instagram und Facebook vorantreibt. Aber was bedeutet es wirklich und wie spielt es eine entscheidende Rolle bei der Monetarisierung? Es ist an der Zeit, den Vorhang zu lüften und die Auswirkungen des Engagements zu erkunden.

Stellen Sie sich Social Media als eine geschäftige Stadt vor und Ihre Beiträge als Ihren eigenen Shop. Egal wie attraktiv Ihre Produkte (Inhalte) sind, sie werden sich nicht verkaufen, wenn Ihr Geschäft in einer vergessenen Gasse versteckt ist. Engagement ist die belebte Hauptstraße, die Menschen in Ihr Geschäft bringt. Es sind die lebhaften Gespräche, die gemeinsamen Erfahrungen und die starken Verbindungen, die eine lebendige Community rund um Ihre Marke aufbauen.

Wenn Sie ein Foto oder Update auf Instagram oder Facebook posten, geht es nicht nur darum, Informationen zu verbreiten. Es geht darum, ein Gespräch anzuregen, Emotionen zu wecken und zur Interaktion zu ermutigen. Ein engagierter Follower ist nicht nur ein passiver Zuschauer, sondern ein aktiver Teilnehmer an der Geschichte Ihrer Marke.

Nehmen wir zum Beispiel an, du betreibst eine vegane Bäckerei und teilst ein neues Cupcake-Rezept auf Instagram. Ein engagierter Follower könnte Ihren Beitrag kommentieren, ihn in seiner Story teilen oder sogar das Rezept ausprobieren und Sie in seinem Beitrag markieren. Jede dieser Aktionen erhöht die Sichtbarkeit Ihrer Marke und fördert eine tiefere Verbindung zu Ihrem Publikum.

Aber warum ist Engagement so wichtig für die Monetarisierung? Drei Worte: Vertrauen, Reichweite und Conversion.

Erstens: Engagement schafft Vertrauen. Eine engagierte Community ist ein Beweis für die Authentizität und den Wert Ihrer Marke. Es ist eine öffentliche Unterstützung, die Ihre Marke glaubwürdiger und attraktiver für neue Follower macht. Wenn Sie regelmäßig auf Kommentare antworten und mit Ihren Followern interagieren, zeigen Sie, dass Sie nicht nur eine gesichtslose Marke sind, sondern eine Marke, die zuhört und sich kümmert. Dieses Maß an Vertrauen ist unerlässlich, wenn Sie Ihre Follower bitten, sich von ihrem hart verdienten Geld zu trennen.

Zweitens erhöht Engagement Ihre Reichweite. Die Algorithmen von Instagram und Facebook priorisieren Beiträge mit höherem Engagement, was bedeutet, dass mehr Likes, Kommentare und Shares die Sichtbarkeit Ihrer Inhalte in den Feeds Ihrer Follower erhöhen können. Wenn Ihr Beitrag über eine neue Produkteinführung beispielsweise viel Engagement erhält, wird er einem größeren Teil Ihres Publikums gezeigt, wodurch Ihre Verkaufschancen erhöht werden.

Schließlich hilft Engagement bei der Konversion. Ein engagierter Follower wird mit größerer Wahrscheinlichkeit zum Kunden, weil er seine Zeit und Emotionen in Ihre Marke investiert hat. Es ist wahrscheinlicher, dass sie sich für Ihr Webinar anmelden, Ihr Produkt kaufen oder Ihre Dienstleistung nutzen, weil sie eine Verbindung zu Ihrer Marke aufgebaut haben.

Wie kultiviert man also eine engagierte Fangemeinde? Alles beginnt mit wertvollen, nachvollziehbaren und interaktiven Inhalten. Veröffentlichen Sie Inhalte, die die Interessen, Bedürfnisse und Herausforderungen Ihres Publikums ansprechen. Stellen Sie Fragen, führen Sie Umfragen durch, veranstalten Sie Live-Sitzungen oder starten Sie eine Herausforderung, um die Interaktion zu fördern. Reagieren Sie auf Kommentare, posten Sie nutzergenerierte Inhalte erneut und zeigen Sie Ihren Followern Wertschätzung. Denken Sie daran, Engagement ist keine Einbahnstraße, sondern ein lebendiger Austausch.

Engagement ist das Herzstück der Monetarisierung in den sozialen Medien. Es ist die Brücke, die Sie mit Ihrem Publikum verbindet und es dazu bringt, Kunden zu werden. Fangen wir also an, diese Brücke zu bauen!

Die Zukunft der Social-Media-Gewinne

Wenn wir in den weiten Horizont der Möglichkeiten blicken, scheint die Zukunft der Social-Media-Gewinne mit goldenen Möglichkeiten und beispiellosem Potenzial zu schimmern. Wie die hohe See von einst, die von Entdeckern und Abenteurern befahren wurde, bietet die sich ständig weiterentwickelnde Landschaft der sozialen Medien denjenigen, die mutig genug sind, sie zu ergreifen, ein unerforschtes Gebiet voller Reichtümer.

Heute, mit über 3,5 Milliarden Social-Media-Nutzern weltweit, ist die digitale Welt zu einem geschäftigen Marktplatz geworden, auf dem es von Käufern und Verkäufern, Influencern und Followern, Schöpfern und Verbrauchern nur so wimmelt. Das Aufkommen sozialer Plattformen wie Instagram und Facebook hat nicht nur die Art und Weise, wie wir interagieren und kommunizieren, revolutioniert, sondern auch die Geschäftslandschaft erheblich verändert.

Stellen Sie sich Folgendes vor: Sie sind ein Kleinunternehmer oder ein Künstler, vielleicht sogar ein Fitness-Enthusiast oder ein Koch mit einer einzigartigen Variante traditioneller Rezepte. Sie haben etwas Wertvolles zu bieten, und Social Media bietet die perfekte Plattform, um Ihre Talente, Produkte oder Dienstleistungen einem globalen Publikum zu präsentieren. Multiplizieren Sie dieses Potenzial nun mit Milliarden. Das ist das Ausmaß der Chance, über die wir sprechen, wenn wir über die Zukunft der Social-Media-Gewinne sprechen.

Eine Welle der Innovation fegt derzeit über die Landschaft der Monetarisierung sozialer Medien. Es entstehen ständig neue Tools, Funktionen und Plattformen, die jeweils neue Wege zur Einkommensgenerierung versprechen. Live-Streaming zum Beispiel hat die digitale Welt im Sturm erobert und den Erstellern zusätzliche Kanäle eröffnet, um ihre Inhalte durch Ticketverkäufe, Spenden und Markenpartnerschaften zu monetarisieren.

Darüber hinaus wird der Aufstieg des "Social Commerce", bei den Einkäufen direkt auf Social-Media-Plattformen getätigt werden, das Verdienstpotenzial von Unternehmen und Influencern gleichermaßen steigern. Stellen Sie sich vor, Sie scrollen durch Ihren Instagram-Feed, entdecken ein Kleid oder ein Paar Turnschuhe, die Sie lieben, und kaufen es an Ort und Stelle, ohne die App zu verlassen. Diese nahtlose Integration von Social Media und E-Commerce wird zweifellos eine neue Ära der Social-Media-Gewinne einläuten.

Das potenzielle Wachstum der Monetarisierung sozialer Medien ist auch eng mit dem Aufstieg der "Creator Economy" verbunden. Dieser Begriff bezieht sich auf die

Legion von Content-Erstellern, Bloggern, Influencern und Online-Unternehmern, die ihre Social-Media-Plattformen nutzen, um Einkommen zu erzielen. Diese Personen tragen nicht nur zum reichhaltigen Teppich von Online-Inhalten bei, sondern profitieren auch finanziell von ihrer Kreativität und ihrem Einfluss.

Stellen Sie sich zum Beispiel einen Reiseblogger vor, der Instagram nutzt, um atemberaubende Fotos von exotischen Orten zu teilen. Durch die Kultivierung einer großen und engagierten Fangemeinde können sie mit Tourismusverbänden und Reiseunternehmen zusammenarbeiten und gesponserte Inhalte erstellen, die nicht nur ihre Follower begeistern, sondern auch ein erhebliches Einkommen bringen.

Darüber hinaus wird die Demokratisierung der Monetarisierung in Zukunft wahrscheinlich zunehmen. Während es derzeit oft diejenigen mit großen Followerzahlen sind, die in der Lage sind, ein erhebliches Einkommen zu erzielen, könnten technologische Innovationen und Veränderungen in der Plattformpolitik bedeuten, dass in Zukunft jeder mit qualitativ hochwertigen Inhalten und einem engagierten Publikum, egal wie klein, ein angemessenes Einkommen erzielen könnte.

Zusammenfassend lässt sich sagen, dass die Zukunft der Social-Media-Gewinne nicht nur rosig ist; Es ist umwerfend. Mit der Weiterentwicklung und Innovation von Social-Media-Plattformen werden auch die

Möglichkeiten zur Monetarisierung zunehmen. Egal, ob Sie ein Unternehmen, ein Influencer oder einfach nur jemand mit einer Leidenschaft zum Teilen sind, das Potenzial, über soziale Medien Einnahmen zu erzielen, wird exponentiell wachsen. Die Frage ist: Sind Sie bereit, dieses Potenzial zu nutzen und die Segel auf Ihre eigene digitale Entdeckungsreise zu setzen?

Denken Sie daran, dass die Zukunft denen gehört, die an die Schönheit ihrer Träume glauben. Im Bereich der sozialen Medien geht es in dieser Zukunft nicht nur um Likes und Shares; Es geht darum, digitale Verbindungen in greifbare Gewinne zu verwandeln. Sind Sie also bereit, die Kunst der Social-Media-Gewinne zu beherrschen? Die Zukunft wartet auf Sie!

Aufbau einer ansprechenden Online-Präsenz

Erstellen Sie Ihre Social-Media-Persona

Im pulsierenden Herzen der digitalen Welt ist Ihre Social-Media-Persona Ihr Botschafter, Ihr Gesandter, Ihr Repräsentant. Es ist das Gesicht, das Sie einer Welt mit über 1,35 Milliarden Nutzern auf Instagram und über 821 Millionen auf Facebook zeigen. Das ist es, was Sie auf diesem globalen Markt der Ideen, Talente und Leidenschaften auszeichnet. Dieses Kapitel, "Crafting Your Social Media Persona", bietet Ihnen eine exklusive Anleitung, um eine Persona zu formen, die nicht nur authentisch ist, sondern auch Ihre Follower unwiderstehlich anspricht.

Lassen Sie uns diese Reise mit einem grundlegenden Verständnis beginnen: Ihre Social-Media-Persona ist kein fabriziertes Alter Ego. Es ist ein ausgefeiltes Spiegelbild Ihres wahren Selbst, das sorgfältig präsentiert wird, um bei Ihrem Publikum Anklang zu finden. Es sind Ihre Grundüberzeugungen, Werte und Leidenschaften, alles verpackt in einem lebendigen Paket, das mit dem Glanz der Authentizität glänzt.

Der erste Schritt zur Erstellung Ihrer Persönlichkeit ist die Selbstbeobachtung. Tauchen Sie tief in die Reservoirs Ihrer Individualität ein und identifizieren Sie Ihre Leidenschaften, Werte und Stärken. Sind Sie ein Fitness-Enthusiast, ein versierter Vermarkter, ein Kunstliebhaber oder ein weltreisender Abenteurer? Was auch immer Ihre Nische ist, sie zu umarmen, ist der Eckpfeiler Ihrer authentischen Persönlichkeit.

Denken Sie daran, dass Authentizität Vertrauen fördert. Und Vertrauen ist in den sozialen Medien Gold wert. Eine kürzlich durchgeführte Studie ergab, dass 86 % der Verbraucher eine authentische und ehrliche Markenpersönlichkeit in den sozialen Medien bevorzugen. Wenn Ihre Follower Sie als echt wahrnehmen, ist es wahrscheinlicher, dass sie sich mit Ihren Inhalten beschäftigen, Ihre Beiträge teilen und in Ihre Produkte oder Dienstleistungen investieren.

Der zweite Schritt besteht darin, Ihr Publikum zu verstehen. Wer sind die? Was sind ihre Interessen, ihre Bestrebungen, ihre Herausforderungen? Nutzen Sie die robusten Analysetools, die von sozialen Plattformen bereitgestellt werden, um diese Erkenntnisse zu gewinnen. Die Insights-Funktion von Instagram kann beispielsweise eine Fülle von Informationen über die Demografie, das Verhalten und die Vorlieben Ihrer Follower liefern. Nutzen Sie diese Daten, um Ihre Persona so zu gestalten, dass sie bei Ihrem Publikum Anklang findet.

Lassen Sie uns dies anhand eines Beispiels aus der Praxis veranschaulichen. Angenommen, Sie sind ein Fitnesstrainer, der sich auf ganzheitliches Wohlbefinden spezialisiert hat. Ihre Persönlichkeit könnte ein Wellness-Fürsprecher sein, der nicht nur Fitnesstipps, sondern auch Ratschläge zu Ernährung, Achtsamkeit und psychischer Gesundheit gibt. Ihre Inhalte können Trainingsvideos, gesunde Rezepte, Achtsamkeitsübungen und persönliche Geschichten über Ihre Wellness-Reise enthalten. Diese Persona wird Ihre Zielgruppe ansprechen, da sie ihren Interessen entspricht und wertvolle, abwechslungsreiche Inhalte bietet.

Der dritte Schritt ist die Konsistenz. Konsistenz in Ton, Stil und Inhalt ist das, was Ihre Persona erkennbar und einprägsam macht. Wenn Sie in einem Beitrag freundlich und informell sind, behalten Sie diesen Ton auf Ihren sozialen Kanälen bei. Wenn sich Ihre Inhalte um nachhaltige Mode drehen, wechseln Sie nicht plötzlich zu

Beiträgen über Fast Food. Konsistenz hilft, Ihre Markenidentität zu etablieren, Vertrauen zu schaffen und Ihre Fangemeinde zu vergrößern.

Zu guter Letzt sollten Sie Ihre Persönlichkeit weiterentwickeln lassen. Wenn Sie wachsen und lernen, sollte auch Ihre Online-Persönlichkeit wachsen. Bleiben Sie offen für Feedback, beobachten Sie die sich ändernden Trends und Vorlieben Ihres Publikums und passen Sie sich entsprechend an. Evolution bedeutet nicht, die Authentizität zu verlieren; Stattdessen ist es ein Beweis für Ihre Reise und Ihr Wachstum, und das Publikum liebt es, Teil dieser Reise zu sein.

Die Gestaltung Ihrer Social-Media-Persönlichkeit ist eine Kunst und eine Wissenschaft, eine feine Mischung aus Selbstbeobachtung, Publikumsverständnis, Konsistenz und Entwicklung. Es ist eine Reise der Selbstfindung und Verbundenheit – eine Reise, die Ihre Social-Media-Präsenz von einer bloßen Plattform in eine lebendige Community verwandelt. Im Laufe dieses Buches erhalten Sie tiefere Einblicke in jeden dieser Schritte und beherrschen die Kunst, eine ebenso authentische wie ansprechende Persönlichkeit zu erstellen.

Strategien zur Erstellung von Inhalten

Im digitalen Zeitalter sind Inhalte König. Aber nicht irgendein Inhalt - überzeugende, ansprechende und teilbare Inhalte. Die Art, die das Scrollen mit dem Daumen stoppt, Emotionen hervorruft und zur Interaktion zwingt. In diesem Kapitel befassen wir uns mit der strategischen

Planung dieser Art von Inhalten, um Ihre Social-Media-Plattformen in einen florierenden Knotenpunkt zu verwandeln, der kontinuierlich Follower anzieht und einbindet.

Die Erstellung überzeugender Inhalte beginnt damit, dass Sie Ihre Zielgruppe verstehen. Mit über einer Milliarde Nutzern auf Instagram und 2,8 Milliarden auf Facebook ist die Vielfalt atemberaubend. Um sich von der Masse abzuheben, müssen Sie wissen, mit wem Sie sprechen, was sie mögen und wie sie mit Inhalten interagieren.

Denken Sie an Sara, eine Fitness-Enthusiastin, die begann, ihre Reise auf Instagram zu teilen. Anfangs postete sie zufällige Trainingsvideos, aber ihre Seite war nur eine in einem Meer ähnlicher Inhalte. Als sie anfing, ihre persönliche Geschichte zu erzählen - ihre Kämpfe, Siege und Tipps -, begann ihre Followerzahl zu wachsen. Saras Verständnis für ihr Publikum, hauptsächlich Frauen, die sich ebenfalls auf einer Fitnessreise befanden, veranlasste sie, Inhalte zu erstellen, die sie auf einer tieferen Ebene ansprachen.

Sobald Sie Ihre Zielgruppe definiert haben, besteht der nächste Schritt darin, festzustellen, mit welcher Art von Inhalten sie sich am meisten beschäftigt. Fotos, Videos, Infografiken oder Memes? Lange, durchdachte Bildunterschriften oder schnelle, prägnante Bildunterschriften? Die Insights- und Analytics-Tools von Facebook bieten wertvolle Daten, um Ihre Strategie zu steuern.

Schauen wir uns Jack an, einen Reiseblogger. Sein Instagram war voll von atemberaubenden Fotos von seinen Reisen, aber es waren seine Facebook-Live-Videos, in denen er seine Erfahrungen und Tipps in Echtzeit teilte, die das meiste Engagement hervorriefen. Mit diesen Informationen bewaffnet, begann er, Live-Q&A-Sitzungen zu veranstalten, seine Erfahrungen zu teilen, und sein Engagement für Follower stieg sprunghaft an.

Als nächstes kommt die Kraft des Geschichtenerzählens. Menschen sind so verdrahtet, dass sie auf Geschichten reagieren, und wenn Sie diese Macht nutzen, können Sie Ihre Inhalte wirklich ansprechend gestalten. Nehmen wir das Beispiel von Anna, einer Hobbyköchin. Anstatt nur Rezepte zu posten, begann sie, die Geschichten dahinter zu erzählen - die Kindheitserinnerung, die durch einen hausgemachten Kuchen ausgelöst wurde, die kulturelle Bedeutung eines traditionellen Gerichts. Ihre Follower interessierten sich nicht nur für ihre Rezepte, sondern auch für die Geschichten, die sie bedeutungsvoll machten.

Konsistenz ist ein weiteres Schlüsselelement. Wenn Sie einen Content-Kalender erstellen und regelmäßig posten, bleiben Ihre Follower engagiert und freuen sich auf Ihren nächsten Beitrag. Es kann Ihnen auch dabei helfen, zu verfolgen, was im Laufe der Zeit funktioniert und was nicht, sodass Sie Ihre Strategie kontinuierlich verfeinern können.

Eine der effektivsten Möglichkeiten, Follower zu binden, besteht darin, sie in Ihre Inhalte einzubeziehen. Nutzergenerierte Inhalte, Shoutouts, Wettbewerbe und Umfragen können Ihren Followern das Gefühl geben, gesehen und geschätzt zu werden. Ganz zu schweigen davon, dass sie Ihnen auch Inhalte zur Verfügung stellen können, die geteilt werden können, was zu mehr Engagement führt.

Vergessen wir schließlich nicht die Bedeutung der Ästhetik. Ein optisch ansprechender Feed kann Follower anziehen und binden. Jede Social-Media-Plattform hat ihre eigene, einzigartige Sprache, wenn es um Bilder geht. Für Instagram kann dies ein einheitliches Farbschema oder einen einheitlichen Fotostil bedeuten. Bei Facebook könnte es sich um ein bestimmtes Layout oder Format für Beiträge handeln.

Das Erstellen überzeugender Inhalte ist sowohl eine Kunst als auch eine Wissenschaft. Es erfordert Kreativität, Verständnis für Ihr Publikum und die Bereitschaft zu experimentieren und sich anzupassen. Mit diesen Strategien in Ihrem Werkzeugkasten sind Sie auf dem besten Weg, Ihre Social-Media-Präsenz in eine Plattform zu verwandeln, die fesselt und engagiert und Follower in treue Fans und Kunden verwandelt.

Ihre Social-Media-Plattformen sind Ihre Bühne, und die Inhalte, die Sie erstellen, sind Ihre Performance. Sorgen Sie dafür, dass es bei Ihrem Publikum Anklang findet, und der Applaus - in Form von Likes, Kommentaren, Shares und Followern - wird folgen. Schließlich ist in der Welt der sozialen Medien der Inhalt nicht nur König, sondern das ganze Königreich.

Konsistenz und Buchungspläne
In der geschäftigen Welt der sozialen Medien, in der Inhalte König sind, gibt es einen unbesungenen Helden, der oft übersehen wird: Konsistenz. Egal, wie ansprechend Ihre Inhalte, wie clever Ihre Bildunterschriften oder wie atemberaubend Ihre Bilder sind, ohne Konsistenz können Ihre Bemühungen, Ihre Instagram- und Facebook-Präsenz zu monetarisieren, scheitern. Lassen Sie uns in die entscheidende Rolle eintauchen, die Konsistenz spielt, und wie ein gut strukturierter Content-Zeitplan Ihre Gewinnerkarte zum Erfolg in den sozialen Medien sein kann.

Warum ist Konsistenz so wichtig? Es ist einfach. Konsistenz schafft Vertrauen, und Vertrauen ist die Währung der sozialen Medien. Wenn Sie regelmäßig posten, weiß Ihr Publikum, dass es sich auf Sie verlassen kann, wenn es um frische, ansprechende Inhalte geht. Diese Vorhersehbarkeit ermutigt die Follower, sich mehr mit Ihren Beiträgen zu beschäftigen, was Ihre Reichweite und Sichtbarkeit erhöht. Stellen Sie es sich wie ein Café vor, das jeden Tag zur gleichen Zeit geöffnet ist. Du vertraust darauf, dass es da ist, wenn du deinen morgendlichen Koffeinschub brauchst, und mit der Zeit macht diese Konsistenz es zu deiner Anlaufstelle.

Betrachten wir nun den Instagram-Algorithmus, ein sich ständig veränderndes, mysteriöses Biest. Eine der entscheidenden Komponenten ist das Engagement der Nutzer. Wenn du regelmäßig postest, erhöhst du die Möglichkeiten für Engagement und signalisierst Instagram, dass deine Inhalte wertvoll sind und es wert sind, beworben zu werden. Konsistenz beim Posten bedeutet nicht, dass Sie Ihre Follower mit mehreren Beiträgen pro Tag spammen, sondern dass Sie einen vorhersehbaren und nachhaltigen Rhythmus für die Bereitstellung von Inhalten festlegen.

Wie erreichen wir also diese Konsistenz? Die Antwort liegt in einem gut ausgearbeiteten Inhaltsplan.

Das Erstellen eines Inhaltsplans mag mühsam klingen, ist aber Ihre Geheimwaffe. Es ermöglicht Ihnen, Ihre Beiträge im Voraus zu planen, einen konstanten Strom von Inhalten zu gewährleisten und Sie vom täglichen Druck zu befreien: "Was soll ich heute posten?" Stellen Sie sich die Gewissheit vor, dass Ihre Inhalte für die nächste Woche oder sogar für den nächsten Monat geplant und einsatzbereit sind.

Lassen Sie uns ein praktisches Bild malen. Angenommen, Sie sind ein Fitnesstrainer. Sie können Ihre wöchentlichen Inhalte um bestimmte Themen herum planen - Motivationsmontag mit inspirierenden Zitaten oder Erfolgsgeschichten, Workout-Mittwoch mit einer neuen Trainingsroutine, Foodie-Freitag mit einem gesunden Rezept und Self-Care-Sonntag mit Tipps zu Ruhe und

Erholung. Dieser Ansatz vereinfacht nicht nur die Erstellung von Inhalten, sondern hilft Ihrem Publikum auch, zu wissen, was es erwartet, was wiederum das Engagement steigert.

Berücksichtigen Sie bei der Planung die Aktivitätsmuster Ihrer Zielgruppe. Nutze die Insights von Instagram oder die Seiten-Insights von Facebook, um herauszufinden, wann deine Follower am aktivsten sind. Planen Sie Ihre Beiträge so, dass sie während dieser Spitzenzeiten live geschaltet werden, um eine maximale Reichweite zu erzielen.

Es ist auch wichtig, ein Gleichgewicht zwischen werblichen und wertschöpfenden Inhalten zu finden. Zu viel Werbung kann Follower entfremden, aber ein gut getimter Werbebeitrag inmitten wertvoller Inhalte kann Engagement und Conversions fördern.

Denken Sie daran, dass Konsistenz auch für Ihre Markenstimme und visuelle Ästhetik gilt. Egal, ob es sich um ein bestimmtes Farbschema, einen bestimmten Filter oder einen bestimmten Kommunikationston handelt, die Aufrechterhaltung der Konsistenz hilft den Followern, Ihre Inhalte sofort zu erkennen und Ihre Markenidentität zu stärken.

Konsistenz bei der Veröffentlichung und ein gut geplanter Zeitplan für Inhalte sind nicht nur Nice-to-haves; Sie sind nicht verhandelbar für jeden, der es ernst meint, seine Social-Media-Präsenz zu monetarisieren. Sie erfordern vielleicht ein wenig Vorlaufaufwand, aber die Belohnungen - erhöhtes Engagement, bessere Sichtbarkeit und letztendlich höhere Gewinne - sind es wert.

Letztendlich geht es bei Konsistenz nicht um Perfektion; Es geht um Beharrlichkeit. Es geht darum, sich Tag für Tag mit wertvollen Inhalten für Ihr Publikum zu präsentieren, die dienen, inspirieren und ansprechen. Denn das ist es, was eine starke, profitable Social-Media-Präsenz ausmacht: nicht ein einziger viraler Post, sondern ein konsistenter, zuverlässiger Strom von Inhalten, der Ihr Publikum dazu bringt, immer wieder zu kommen. Beginnen Sie also mit der Planung, bleiben Sie konsequent und beobachten Sie, wie Ihre sozialen Gewinne in die Höhe schnellen.

Cross-Promotion-Techniken
Cross-Promotion ist die Geheimwaffe des versierten Social-Media-Vermarkters. Es ist, als würde man ein Gespräch in einem Raum voller Menschen führen, aber anstatt mit einer Person nach der anderen zu sprechen, benutzt man ein Megafon, um alle zu erreichen. In diesem Kapitel erfahren Sie, wie Sie die Macht der Cross-Promotion nutzen können, um Ihre Reichweite zu maximieren, Ihre Follower-Basis zu vergrößern und Ihren Social-Media-Erfolg zu katapultieren.

Stellen Sie sich Folgendes vor: Sie sind ein Künstler und haben gerade Ihr neuestes Meisterwerk fertiggestellt. Du postest ein Bild davon auf Instagram, lehnst dich zurück und wartest darauf, dass die Likes eintrudeln. Aber was wäre, wenn Sie die Augen auf Ihre Arbeit verdoppeln, verdreifachen oder sogar vervierfachen könnten? Das ist die Macht der Cross-Promotion.

Cross-Promotion ist so, als würde man eine Party an mehreren Orten gleichzeitig veranstalten. Ihre Gäste (Ihre Follower) haben die Möglichkeit, sich in verschiedenen Räumen (Social-Media-Plattformen) zu treffen, von denen jeder seine eigene einzigartige Atmosphäre und seinen eigenen Charakter hat. Das Ergebnis? Eine größere Party, mehr Engagement und letztendlich mehr Erfolg.

Betrachten Sie dieses Beispiel aus dem wirklichen Leben: Joanne ist eine Fitnesstrainerin, die Trainingsroutinen auf YouTube teilt. Sie hat auch einen Twitter-Account, auf dem sie motivierende Zitate und Diättipps postet. Indem sie ihre YouTube-Inhalte auf Twitter bewirbt, kann sie ihre Twitter-Follower auf ihren YouTube-Kanal leiten und so ihre Reichweite vergrößern.

Lassen Sie uns nun auf das A und O einer erfolgreichen Cross-Promotion eingehen.

1. Verstehen Sie Ihre Plattformen: Jede Social-Media-Plattform hat ihre eigenen Stärken. Instagram eignet sich perfekt für optisch ansprechende Inhalte, während Facebook sich hervorragend für längere Beiträge und Diskussionen eignet. Twitter lebt von schnellen, ausdrucksstarken Nachrichten, während YouTube die

bevorzugte Plattform für Videoinhalte ist. Wenn Sie diese Stärken verstehen, können Sie Ihre Inhalte auf jede Plattform zuschneiden und gleichzeitig eine konsistente Botschaft über alle Plattformen hinweg beibehalten.

2. Erstellen Sie plattformspezifische Inhalte: Cross-Promotion bedeutet nicht, identische Inhalte auf allen Plattformen zu veröffentlichen. Passen Sie stattdessen Ihre Inhalte an jede Plattform an. Wenn Sie beispielsweise einen Blogbeitrag geschrieben haben, können Sie eine Infografik für Instagram, eine Diskussionsaufforderung für Facebook, eine kurze Videozusammenfassung für TikTok und eine Reihe von Tweets für Twitter erstellen.

3. Verwenden Sie Links mit Bedacht: Fügen Sie immer relevante Links in Ihre Beiträge ein. Wenn du ein YouTube-Video auf Facebook bewirbst, füge den Link in deinen Beitrag ein. Wenn Sie einen bevorstehenden Blogbeitrag auf Instagram necken, fügen Sie den Link in Ihre Biografie ein. Diese Links schaffen ein Web, das Ihre verschiedenen Plattformen verbindet und es Ihren Followern leicht macht, Ihre Inhalte zu finden und sich mit ihnen zu beschäftigen.

4. Interagieren Sie mit Ihrem Publikum: Bei Cross-Promotion geht es nicht nur darum, Ihre Inhalte zu verbreiten, sondern auch darum, mit Ihrem Publikum in Kontakt zu treten. Reagieren Sie auf Kommentare, bitten Sie um Feedback und ermutigen Sie Ihre Follower, Ihre Inhalte zu teilen. Diese Interaktion fördert das

Gemeinschaftsgefühl und erhöht die Wahrscheinlichkeit, dass sich Ihre Follower über mehrere Plattformen hinweg mit Ihren Inhalten beschäftigen.

5. Konsistenz ist der Schlüssel: Seien Sie konsistent in Ihren Botschaften und Ihrem Branding auf allen Plattformen. Das bedeutet nicht, überall die gleichen Inhalte zu posten, sondern eine konsistente Markenstimme und einen einheitlichen Markenstil beizubehalten. Diese Konsistenz wird Ihre Marke erkennbarer machen und Ihnen helfen, eine starke und loyale Fangemeinde aufzubauen.

Cross-Promotion ist eine Kunst, die strategisches Denken und sorgfältige Ausführung erfordert. Aber wenn es richtig gemacht wird, kann es Ihre Reichweite vergrößern, Ihr Engagement steigern und Ihren Erfolg in den sozialen Medien in die Höhe treiben. Es ist an der Zeit, das Megaphon in die Hand zu nehmen und Ihre Stimme auf allen Plattformen hören zu lassen. Ihr Publikum wartet darauf, von Ihnen zu hören.

Fallstudie: Aufbau einer erfolgreichen Online-Präsenz

Lernen Sie Emily kennen, eine leidenschaftliche Fitness-Enthusiastin und Ernährungsexpertin. Wie viele von uns begann Emily mit nichts anderem als einem Smartphone und einem Traum: ihre Liebe zu Gesundheit und Wohlbefinden mit der Welt zu teilen. Heute ist sie eine anerkannte Online-Influencerin mit Millionen von Followern auf Instagram und Facebook, mit einer Marke, die einen beeindruckenden Gewinn erzielt. Wie hat sie das gemacht? Lassen Sie es uns aufschlüsseln.

Der Start

Emily wusste, dass eine erfolgreiche Online-Präsenz mehr ist, als nur Bilder zu posten und auf das Beste zu hoffen. Sie begann damit, ihre Nische - Gesundheit und Fitness - und ihr Alleinstellungsmerkmal zu identifizieren - eine Mischung aus praktischen Fitnesstipps, Ernährungstipps und ihrem persönlichen Weg zum Wohlbefinden. Emily schuf eine Markenidentität, die authentisch, zuordenbar und unverwechselbar war.

Konsistente, qualitativ hochwertige Inhalte

Nachdem sie ihre Markenidentität festgenagelt hatte, begann Emily, regelmäßig Inhalte zu produzieren. Sie postete nicht nur Selfies; Sie teilte Trainingsroutinen, Essenspläne, motivierende Zitate und persönliche Geschichten von ihrer Fitnessreise. Ihre Inhalte waren informativ, inspirierend und real. Das kam bei ihren Followern gut an, die sich auf ihre Posts freuten.

Nutzung von Social-Media-Plattformen

Während Emily auf Instagram anfing, weitete sie ihre Präsenz bald auf Facebook aus, da sie die Macht der plattformübergreifenden Werbung verstand. Sie nutzte ihre Instagram-Inhalte für Facebook und passte ihre Botschaften an die unterschiedlichen demografischen

Merkmale und Verhaltensweisen des Facebook-Publikums an. Dieser Schritt verdoppelte nicht nur die Reichweite ihrer Inhalte, sondern half ihr auch, eine vielfältige Follower-Basis aufzubauen.

Engagement in der Community

Emily wusste, dass das Erstellen von Inhalten nur die halbe Miete war. Sie nahm sich die Zeit, mit ihren Followern in Kontakt zu treten, auf ihre Kommentare zu antworten, sie um ihren Input zu bitten und sogar Live-Q&A-Sessions zu veranstalten. Dieses Engagement gab ihren Followern das Gefühl, geschätzt und verbunden zu sein, was sie zu treuen Fans und Befürwortern ihrer Marke machte.

Zusammenarbeit und Cross-Promotion

Als Emilys Online-Präsenz wuchs, begann sie, mit anderen Influencern in ihrer Nische zusammenzuarbeiten. Sie veranstaltete gemeinsame Workout-Sessions, Shout-Outs für andere Fitness-Influencer und veröffentlichte sogar Gastbeiträge auf ihrer Seite. Diese Cross-Promotion half ihr, neue Zielgruppen zu erschließen und ihre Online-Sichtbarkeit weiter zu steigern.

Monetarisierung ihrer Online-Präsenz

Nachdem Emily eine solide Follower-Basis und eine starke Online-Präsenz aufgebaut hatte, begann sie mit der Monetarisierung. Sie arbeitete mit Fitness- und

Ernährungsmarken für gesponserte Beiträge zusammen, brachte ihre eigene Fitnessbekleidungslinie auf den Markt und erstellte sogar ein Online-Fitnessprogramm, das ihre Follower kaufen konnten.

Durch strategische Planung, konsequente Bemühungen und authentisches Engagement baute Emily eine erfolgreiche Online-Persönlichkeit auf, die nicht nur ihre Leidenschaft erfüllte, sondern auch zu einem profitablen Unternehmen wurde.

Emilys Reise ist ein Beweis für die Macht der sozialen Medien und das Potenzial, das sie für diejenigen bereithalten, die bereit sind, sie zu erkunden. Die Strategien, die sie anwandte - die Definition einer einzigartigen Marke, die Erstellung hochwertiger Inhalte, die Nutzung mehrerer Plattformen, die Interaktion mit ihrer Community, das Cross-Promotion mit anderen und die Monetarisierung ihrer Präsenz - sind alles Techniken, die angepasst und auf Ihre eigene Social-Media-Reise angewendet werden können.

In einer Welt, in der soziale Medien eine wichtige Rolle in unserem Leben spielen, zeigt Emilys Geschichte, dass es mit dem richtigen Ansatz möglich ist, eine Leidenschaft in eine profitable Online-Präsenz zu verwandeln. Auch wenn der Weg zum Erfolg in den sozialen Medien nicht immer einfach ist, ist er zweifellos erreichbar. Denken Sie daran, dass jeder große Influencer, jede erfolgreiche Marke und jede florierende Online-Persönlichkeit irgendwo angefangen hat. Warum lassen Sie die nächste Erfolgsgeschichte nicht Ihre sein?

Instagram-Monetarisierungsstrategien

Die Macht des Instagram-Shoppings: Verkaufen Sie direkt an Ihre Follower

Willkommen im goldenen Zeitalter des Social Commerce! Wenn Sie Ihre Produkte nicht bereits direkt auf Instagram verkaufen, verpassen Sie eine wichtige Gelegenheit. Instagram ist mit seiner visuell fesselnden Benutzeroberfläche und über 1,35 Milliarden Nutzern weltweit viel mehr als eine Plattform, um Fotos zu teilen und mit Freunden in Kontakt zu treten. Es ist ein geschäftiger digitaler Marktplatz, auf dem es von potenziellen Kunden nur so wimmelt, die nur einen Fingertipp davon entfernt sind, Ihre Produkte zu entdecken.

In diesem Kapitel werden wir uns mit Instagram Shopping und dem enormen Potenzial befassen, das es für Ihr Unternehmen birgt. Betrachten Sie es als Ihr eigenes digitales Schaufenster, in dem jeder Instagram-Post zu einem einkaufsfähigen Schaufenster für Ihre Produkte wird.

Die Grundlagen des Instagram-Shoppings

Lassen Sie uns zunächst klären, was Instagram Shopping ist. Es ist eine Funktion, die es Unternehmen ermöglicht, Produkte in ihren Beiträgen zu markieren, auf die

Benutzer tippen können, um direkt in der App zu kaufen. Klingt einfach, oder? Das liegt daran, dass es so ist! Instagram hat das Einkaufserlebnis meisterhaft vereinfacht und einen einfachen und nahtlosen Weg von der Entdeckung bis zum Kauf geschaffen.

Nehmen wir das Beispiel von "Glam & Co.", einer fiktiven Beauty-Marke. Sie haben gerade eine neue Linie veganer Lippenstifte auf den Markt gebracht und freuen sich darauf, sie mit ihren Instagram-Followern zu teilen. Durch die Verwendung von Instagram Shopping wird jeder Beitrag, in dem ihre Lippenstifte präsentiert werden, zu einem potenziellen Point of Sale. Wenn ein Follower in einem Beitrag einen bestimmten Lippenstiftton bewundert, kann er auf das Produkt-Tag tippen, mehr darüber erfahren und es direkt dort kaufen - und das alles, ohne die App zu verlassen!

Einrichten Ihres Instagram-Shops

Zunächst müssen Sie über ein Geschäftskonto verfügen und sicherstellen, dass Ihr Unternehmen den Handelsrichtlinien von Instagram entspricht. Als nächstes müssen Sie Ihr Instagram-Konto mit einem Facebook-Katalog verbinden. Diese kann im Facebook Business Manager oder über Plattformen wie Shopify oder BigCommerce erstellt und verwaltet werden.

Sobald Ihr Katalog eingerichtet und verknüpft ist, können Sie Ihr Konto zur Überprüfung einreichen. Instagram braucht in der Regel ein paar Tage, um es zu genehmigen.

Nach der Genehmigung können Sie damit beginnen, Produkte in Ihren Beiträgen und Stories zu markieren.

Maximieren Sie Ihre Instagram-Shopping-Strategie

Die Stärke von Instagram Shopping liegt in der nahtlosen Integration in die Feeds der Nutzer, was für Unternehmen eine Goldgrube sein kann. Hier sind ein paar Tipps, um das Beste daraus zu machen.

- Erstellen Sie hochwertige visuelle Inhalte: Instagram ist in erster Linie eine visuelle Plattform. Hochwertige, ansprechende Bilder und Videos sind der Schlüssel, um die Aufmerksamkeit der Nutzer zu erregen und sie dazu zu verleiten, Ihre Produkte zu erkunden.
- Verwenden Sie Produkt-Tags effektiv: Wenn Sie ein Bild oder ein Video mit Ihren Produkten posten, markieren Sie sie. Dies erleichtert den Benutzern das Tippen und Einkaufen. Vermeiden Sie es jedoch, Ihre Beiträge mit Tags zu überfüllen, da dies die Benutzererfahrung beeinträchtigen kann.
- Nutzen Sie Instagram Stories: Instagram Stories werden täglich von über 500 Millionen Nutzern angesehen. Nutzen Sie diese Funktion, um Ihre Produkte zu präsentieren, und denken Sie daran, Produkt-Tags zu verwenden!
- Bewerben Sie exklusive Produkteinführungen: Erzeugen Sie Aufsehen, indem Sie exklusive Produkte oder zeitlich begrenzte Angebote in

Ihrem Instagram-Shop auf den Markt bringen. Dies ermutigt die Nutzer, zeitnahe Kaufentscheidungen zu treffen und Ihre zukünftigen Beiträge im Auge zu behalten.
- Interagieren Sie mit Ihrem Publikum: Engagement ist in der Welt der sozialen Medien von entscheidender Bedeutung. Antworten Sie auf Kommentare, bitten Sie um Feedback und schaffen Sie eine Community rund um Ihre Marke.

Wenn Sie Instagram Shopping beherrschen, können Sie Ihr Instagram-Konto von einer einfachen Social-Media-Präsenz in ein leistungsstarkes, umsatzgenerierendes digitales Schaufenster verwandeln. Im nächsten Kapitel tauchen wir in die Welt der Instagram-Anzeigen ein, ein weiteres wirksames Tool zur Umsatzsteigerung und zum Wachstum Ihrer Marke. Bleiben Sie also dran und lassen Sie uns diese Reise fortsetzen, um Ihre Instagram-Präsenz zu monetarisieren.

Gesponserte Beiträge und Markenpartnerschaften: Monetarisierung Ihres Instagram-Kontos

Die Macht von Instagram für die Monetarisierung zu nutzen, ist wie die Suche nach einer digitalen Goldmine. Mit mehr als einer Milliarde aktiver Nutzer ist Instagram nicht nur eine Plattform, um die Momente des Lebens zu teilen, sondern auch ein florierender Marktplatz, auf dem versierte Unternehmer Likes in Dollar umwandeln. Eine der effektivsten Möglichkeiten, dieses immense Potenzial zu erschließen, sind gesponserte Beiträge und Markenpartnerschaften.

Stellen Sie sich die beliebte Modebloggerin @StyleQueen vor. Sie postet atemberaubende Fotos ihrer Outfits, gibt Stiltipps und hat eine treue Fangemeinde gewonnen, die ihrem Sinn für Mode vertraut. Eine Bekleidungsmarke, die die potenzielle Reichweite und das Engagement der Beiträge von @StyleQueen sieht, beschließt, mit ihr zusammenzuarbeiten. Sie bezahlen sie dafür, dass sie ihre Kleidung in ihren Posts trägt, und voila! Ein gesponserter Beitrag ist geboren.

Gesponserte Beiträge sind einfach Beiträge, für deren Erstellung und Freigabe ein Unternehmen oder eine Marke Sie bezahlt hat. Sie können so direkt sein wie die Präsentation eines Produkts oder so subtil wie die natürliche Integration der Marke in Ihre Inhalte. Der Schlüssel ist Authentizität - Ihre Follower müssen das Gefühl haben, dass Ihre Empfehlung echt ist und zu Ihrer persönlichen Marke passt.

Markenpartnerschaften gehen noch einen Schritt weiter und beinhalten eine intensivere Zusammenarbeit zwischen einer Marke und einem Influencer. Dazu können langfristige gesponserte Beiträge, die gemeinsame Erstellung von Produkten oder sogar Affiliate-Marketing gehören.

Betrachten Sie wieder unseren Freund @StyleQueen. Angesichts des Erfolgs der ersten gesponserten Beiträge schlägt die Bekleidungsmarke eine langfristige Partnerschaft vor. Sie arbeiten gemeinsam an einer

@StyleQueen Modelinie, und sie verdient für jeden Verkauf eine Provision. Das ist eine funktionierende Markenpartnerschaft.

Jetzt denkst du vielleicht: "Das hört sich toll an, aber ich bin nicht @StyleQueen. Ich habe nicht Tausende von Followern." Hier ist das Geheimnis: Du musst kein Mega-Influencer sein, um auf Instagram Geld zu verdienen. Mikro-Influencer, die ein paar tausend engagierte Follower haben, haben oft höhere Engagement-Raten und können für Marken attraktiver sein.

Wie fängt man also mit gesponserten Beiträgen und Markenpartnerschaften an?

Finden Sie Ihre Nische

Der erste Schritt besteht darin, Ihre Nische zu finden. Wofür brennst du? Worin kennen Sie sich aus? Ist es Fitness, Kochen, Technologie oder Reisen? Sobald Sie Ihre Nische identifiziert haben, passen Sie Ihre Inhalte so an, dass sie diese Leidenschaft und Ihr Fachwissen widerspiegeln.

Vergrößern Sie Ihr Publikum

Konzentrieren Sie sich als Nächstes darauf, Ihr Publikum zu vergrößern. Das bedeutet nicht nur, die Anzahl Ihrer Follower zu erhöhen, sondern auch eine Community von engagierten und treuen Followern zu fördern. Reagieren

Sie auf Kommentare, erstellen Sie interaktive Geschichten und teilen Sie nutzergenerierte Inhalte.

Authentizität bewahren

Denken Sie daran, Authentizität ist der Schlüssel. Wenn Sie sich für eine Partnerschaft mit einer Marke entscheiden, stellen Sie sicher, dass deren Produkte oder Dienstleistungen mit Ihrer persönlichen Marke und Ihren Werten übereinstimmen. Deine Follower vertrauen dir, und es ist wichtig, dieses Vertrauen nicht für schnelles Geld zu brechen.

Wenden Sie sich an Marken

Scheuen Sie sich nicht, sich an Marken zu wenden. Wenn Sie ein Produkt verwenden und lieben, lassen Sie es die Marke wissen. Sie suchen vielleicht nach Influencern, mit denen sie zusammenarbeiten können, und Ihr proaktiver Ansatz könnte Ihnen eine Partnerschaft einbringen.

Gesponserte Beiträge und Markenpartnerschaften bieten eine lukrative Möglichkeit, Ihr Instagram-Konto zu monetarisieren. Sie ermöglichen es Ihnen, Geld zu verdienen, während Sie Inhalte erstellen, die Sie lieben, und Ihren Followern einen Mehrwert bieten. Es ist eine Win-Win-Situation.

Denken Sie daran: So aufregend es auch sein mag, Ihr erstes Angebot für einen gesponserten Beitrag oder eine Markenpartnerschaft zu erhalten, stellen Sie immer Ihr

Publikum und Ihre Authentizität in den Vordergrund. Seien Sie wählerisch bei den Partnerschaften, die Sie akzeptieren, und bewahren Sie das Vertrauen, das Ihre Follower in Sie gesetzt haben. Mit diesen Prinzipien im Hinterkopf wartet die Welt der Instagram-Monetarisierung.

Bist du bereit, deinen Instagram-Account in ein umsatzgenerierendes Kraftpaket zu verwandeln? Gesponserte Beiträge und Markenpartnerschaften könnten Ihr goldenes Ticket sein. Jetzt geh los und monetarisiere!

In der Welt von Instagram hat sich die Währung der Likes und Shares zu einem robusten und hochprofitablen Markt entwickelt. Mit über 1,35 Milliarden Nutzern weltweit ist Instagram nicht mehr nur eine Foto-Sharing-App. Es ist eine florierende Geschäftsplattform, die es Millionen von Social-Media-Erstellern ermöglicht, erhebliche Einnahmen zu erzielen. Lassen Sie uns in eine der effektivsten Monetarisierungsstrategien eintauchen - gesponserte Beiträge und Markenpartnerschaften.

Stellen Sie sich vor, Sie scrollen durch Ihren Instagram-Feed und sehen Ihren Lieblings-Influencer, der von einem neuen Hautpflegeprodukt schwärmt, oder einen Fitness-Guru, der eine neue Linie von Trainingsgeräten vorstellt. Dies sind Beispiele für gesponserte Beiträge und Markenpartnerschaften, bei denen Marken mit Instagram-Nutzern zusammenarbeiten, um für ihre Produkte oder Dienstleistungen zu werben.

Was sind gesponserte Beiträge und Markenpartnerschaften?

Im Wesentlichen handelt es sich bei gesponserten Beiträgen um Inhalte, die ein Unternehmen oder ein Werbetreibender einem Instagram-Nutzer (oft einem Influencer oder Prominenten) bezahlt, um sie mit seinen Followern zu teilen. Dabei kann es sich um ein Foto, einen Karussell-Beitrag, ein Video, ein IGTV-Video oder sogar eine Story handeln. Der Schlüssel hier ist, dass der Benutzer dafür entschädigt wird, das Produkt oder die Dienstleistung zu präsentieren.

Markenpartnerschaften hingegen sind längerfristige Kooperationen zwischen Marken und Instagram-Nutzern. Anstelle eines einmaligen Beitrags stellt der Nutzer regelmäßig die Produkte oder Dienstleistungen der Marke in seinen Inhalten vor, und die Marke entschädigt sie im Gegenzug.

Authentizität in gesponserten Beiträgen kultivieren

Erfolgreiche gesponserte Beiträge schaffen ein Gleichgewicht zwischen Werbeinhalten und authentischem Engagement. Es reicht nicht aus, ein Produkt mit einer generischen Bildunterschrift "Ich liebe das!" zu präsentieren. Ihre Follower sind versiert und können einen unaufrichtigen Stecker eine Meile entfernt riechen. Erzählen Sie stattdessen eine Geschichte. Teilen Sie Ihre persönlichen Erfahrungen mit dem Produkt oder

der Dienstleistung und beschreiben Sie, wie es ein Problem gelöst oder Ihr Leben verbessert hat. Dieser Ansatz trägt dazu bei, eine echte Verbindung zu Ihrem Publikum aufzubauen und Vertrauen in die Marke aufzubauen, für die Sie werben.

Nehmen wir zum Beispiel einen beliebten Reiseblogger, der mit einer umweltfreundlichen Rucksackmarke zusammenarbeitet. Anstatt nur ein Foto mit dem Rucksack zu posten, könnten sie eine Geschichte darüber erzählen, wie der Rucksack ein unverzichtbarer Begleiter während ihrer letzten Wanderreise war.

Auf der Suche nach Markenpartnerschaften

Der erste Schritt zur Sicherung von Markenpartnerschaften besteht darin, eine ansprechende und konsistente Instagram-Präsenz aufzubauen. Marken arbeiten eher mit Nutzern zusammen, die eine etablierte Fangemeinde haben, regelmäßig posten und eine klare eigene Markenidentität haben.

Scheuen Sie sich nicht, sich an Marken zu wenden, die mit Ihren Werten und Ihrer Ästhetik übereinstimmen. Viele Unternehmen sind bestrebt, mit Influencern und Creatorn in Kontakt zu treten, die ihre Produkte authentisch repräsentieren können. Senden Sie ihnen einen gut ausgearbeiteten Pitch, in dem Sie detailliert darlegen, warum eine Partnerschaft für beide Parteien von Vorteil wäre.

Zum Beispiel könnte sich ein Fitnesstrainer mit einer großen Fangemeinde von Personen, die an einem gesunden Lebensstil interessiert sind, an eine Marke wenden, die Bio-Proteinriegel herstellt. Der Fitnesstrainer kann der Marke zeigen, dass er ein bereites Publikum für das Produkt hat, und so eine potenziell profitable Partnerschaft schaffen.

Navigieren in gesponserten Beiträgen und Markenpartnerschaften

Wenn Sie sich im Bereich der gesponserten Beiträge und Markenpartnerschaften bewegen, denken Sie daran, diese Beziehungen immer Ihren Followern offenzulegen. Transparenz ist entscheidend, um das Vertrauen Ihres Publikums aufrechtzuerhalten und die Richtlinien von Instagram einzuhalten.

Denken Sie außerdem daran, dass nicht alle Entschädigungen in Form von Bargeld erfolgen. Marken können Produkte, Dienstleistungen oder Erlebnisse im Austausch für Werbung anbieten. Seien Sie offen für diese Arrangements, da sie oft zu anderen Möglichkeiten führen können.

Das Gewinnpotenzial

Das Gewinnpotenzial für gesponserte Beiträge und Markenpartnerschaften ist erheblich. Top-Influencer können Tausende, sogar Zehntausende von Dollar für einen einzigen Beitrag verlangen. Aber auch kleinere Accounts mit engagierten Followern (bekannt als "Micro-Influencer") können ein respektables Einkommen erzielen.

Mit erstaunlichen 1,35 Milliarden Nutzern weltweit hat sich Instagram zu einem geschäftigen Marktplatz und einer beispiellosen Plattform für die Monetarisierung entwickelt. Einer der lukrativsten Wege, die es in dieser digitalen Landschaft zu erkunden gilt, ist die Welt der gesponserten Beiträge und Markenpartnerschaften. Aber wie können Sie Ihre Instagram-Präsenz in eine Einnahmequelle verwandeln? In diesem Kapitel erfahren Sie, wie Sie gesponserte Beiträge und Markenpartnerschaften zu Ihrem Vorteil nutzen können.

Stellen Sie sich vor, Sie sind ein Influencer, der sich auf Fitness und Wellness spezialisiert hat. Sie haben eine treue Fangemeinde aufgebaut, die Ihrem Rat vertraut und sich von Ihrem Lebensstil inspirieren lässt. Eine Marke, die mit Ihren Werten übereinstimmt, wie z. B. ein neues Bio-Saftunternehmen, wendet sich an Sie, um eine Partnerschaft einzugehen. Sie bieten Ihnen an, Sie dafür zu bezahlen, einen Beitrag mit ihrem Produkt zu erstellen. Dies ist ein klassisches Beispiel für einen gesponserten Beitrag. Aber lassen Sie uns tiefer eintauchen.

Gesponserte Beiträge: Deine Eintrittskarte zur Monetarisierung von Instagram

Ein gesponserter Beitrag ist im Wesentlichen eine bezahlte Werbung, bei der Sie als Influencer Inhalte erstellen, in denen das Produkt oder die Dienstleistung einer Marke vorgestellt oder beworben wird. Es ist eine Win-Win-Situation – die Marke kann ihre Angebote Ihrem engagierten Publikum präsentieren, und Sie erhalten eine Vergütung für Ihre Werbebemühungen.

Aber warum sind gesponserte Beiträge so effektiv? Sie funktionieren, weil sie das Vertrauen und die Verbindung nutzen, die Sie zu Ihrem Publikum aufgebaut haben. Ihre Follower schätzen Ihre Meinung, und ein gesponserter Beitrag wirkt wie eine persönliche Empfehlung, die das Verbraucherverhalten eher beeinflusst als eine herkömmliche Werbung.

Markenpartnerschaften: Ein Schritt über gesponserte Beiträge hinaus

Markenpartnerschaften gehen noch einen Schritt weiter, indem sie eine tiefere, dauerhafte Beziehung zwischen dem Influencer und der Marke schaffen. Eine Markenpartnerschaft kann eine Reihe von gesponserten Beiträgen, eine spezielle Marketingkampagne oder sogar eine Co-Branding-Produktlinie umfassen. Wenn unser Fitness-Influencer zum Beispiel mit einer Sportbekleidungsmarke zusammenarbeitet, kann es sein, dass er nicht nur die Kleidung der Marke in mehreren Beiträgen vorstellt, sondern auch an einer charakteristischen Workout-Kollektion zusammenarbeitet.

So maximieren Sie den Umsatz aus gesponserten Beiträgen und Markenpartnerschaften

Um das Beste aus gesponserten Beiträgen und Markenpartnerschaften zu machen, gibt es einige wichtige Strategien, die Sie beachten sollten:

- Ausrichtung: Wählen Sie Marken, die zu Ihrer Nische und Ihren Werten passen. Dies stellt sicher, dass sich die Partnerschaft authentisch anfühlt und bei Ihrem Publikum Anklang findet. Wenn Sie ein Fitness-Influencer sind, ist eine Partnerschaft mit einer Fast-Food-Kette möglicherweise nicht die beste Wahl.
- Qualität vor Quantität: Es ist besser, weniger, gut ausgewählte Partnerschaften zu haben, die bei Ihrem Publikum großen Anklang finden, als Ihre Follower mit einer Vielzahl von gesponserten Beiträgen von einer Vielzahl nicht verwandter Marken zu bombardieren.
- Transparenz: Geben Sie immer an, wenn ein Beitrag gesponsert wird, um das Vertrauen Ihres Publikums aufrechtzuerhalten. Mit dem Tag "Bezahlte Partnerschaft mit" von Instagram kann Sponsoring klar und professionell offengelegt werden.
- Binden Sie Ihr Publikum ein: Machen Sie Ihre gesponserten Beiträge ansprechend. Stellen Sie Fragen, erzählen Sie Geschichten und erstellen Sie Inhalte, die zur Interaktion anregen. Dies erhöht

nicht nur die Sichtbarkeit Ihres Beitrags, sondern gibt Ihren Followern auch das Gefühl, mit Ihnen und der Marke, für die Sie werben, verbundener zu sein.

Um das zu veranschaulichen, kehren wir zu unserem Fitness-Influencer zurück. Sie arbeiten mit einer Bio-Proteinriegelmarke zusammen. Anstatt einfach ein Bild des Riegels mit der Bildunterschrift "Ich liebe diesen Proteinriegel" zu posten, könnten sie ein Bild nach dem Training teilen, erklären, warum die Regeneration wichtig ist und wie der Proteinriegel ihnen hilft, sich schneller zu erholen. Sie könnten dann ihre Follower fragen, wie ihre Post-Workout-Routine aussieht. Dieser Ansatz macht den Beitrag ansprechender und die Werbung subtiler.

Zusammenfassend lässt sich sagen, dass gesponserte Beiträge und Markenpartnerschaften ein erhebliches Potenzial für die Monetarisierung Ihrer Instagram-Präsenz bieten. Sie stellen eine für beide Seiten vorteilhafte Zusammenarbeit zwischen Marken und Influencern dar, bei der Marken ein engagiertes und engagiertes Publikum erreichen und Influencer Einnahmen für ihre Werbebemühungen erzielen. In diesem Kapitel finden Sie eine Roadmap, die Sie durch diese Landschaft führt und Ihnen hilft, Ihre Instagram-Plattform in ein lukratives Geschäft zu verwandeln.

Beherrschung des Affiliate-Marketings auf Instagram

Affiliate-Marketing ist im Kern eine Möglichkeit, eine Provision zu verdienen, indem man für die Produkte anderer Personen oder Unternehmen wirbt. Als Instagram-Influencer können Sie ein Affiliate-Vermarkter werden und Einnahmen aus den Produkten erzielen, die Sie Ihren Followern empfehlen.

Stellen wir uns für einen Moment vor, Sie sind ein Fitness-Enthusiast mit einem Instagram-Account, der sich einem gesunden Leben widmet. Du teilst regelmäßig Beiträge über dein Training, deine Ernährung und deinen Lebensstil mit deinen Followern, die dein Engagement bewundern und sich oft an dich wenden, um Rat zu erhalten. In diesem Szenario könnte Affiliate-Marketing Ihre goldene Eintrittskarte sein, um Ihren Einfluss zu monetarisieren.

Schritt 1: Wählen Sie die richtigen Partnerprogramme
Der erste Schritt auf Ihrer Affiliate-Marketing-Reise besteht darin, die richtigen Affiliate-Programme zu finden und ihnen beizutreten, die zu Ihrer Nische passen. Es gibt zahlreiche fitnessbezogene Unternehmen, die Partnerprogramme anbieten. Diese können von Sportbekleidungsmarken wie Nike und Adidas über Unternehmen für Nahrungsergänzungsmittel wie Optimum Nutrition bis hin zu Anbietern von Fitnessgeräten wie Peloton reichen. Ihr Ziel ist es, ein Produkt zu finden, das Sie wirklich mögen, an das Sie glauben und das Sie bei Ihren Followern bewerben möchten.

Schritt 2: Erstellen Sie ansprechende Inhalte
Content ist König in der Welt des Affiliate-Marketings. Ihre Follower müssen das Produkt in Aktion sehen, seine Vorteile verstehen und wissen, warum Sie es unterstützen. Hier kommt Ihre Kreativität ins Spiel. Du könntest ein Foto posten, auf dem du während des Trainings ein neues Sportoutfit trägst, ein Video teilen, in dem du einen Proteinshake mit deinem Lieblingspräparat zubereitest, oder sogar eine Live-Sitzung veranstalten, in der du darüber sprichst, wie ein bestimmtes Fitnessgerät dein Heimtraining verbessert hat. Der Schlüssel liegt darin, das Produkt zuordenbar und begehrenswert zu machen.

Schritt 3: Affiliate-Links effektiv nutzen
Sobald Sie den Inhalt erstellt haben, besteht der nächste Schritt darin, Ihren einzigartigen Affiliate-Link zu teilen. Wenn ein Follower auf diesen Link klickt, werden Sie als Referrer identifiziert. Wenn Ihr Follower einen Kauf tätigt, nachdem er auf Ihren Link geklickt hat, erhalten Sie eine Provision. Sie können diese Links zu Ihrer Instagram-Biografie, in den Bildunterschriften Ihrer Beiträge oder in Ihren Instagram-Stories hinzufügen. Stellen Sie nur sicher, dass Sie Ihre Follower wissen lassen, dass es sich bei dem Link um einen Affiliate-Link handelt, um Transparenz und Vertrauen zu wahren.

Schritt 4: Überwachen Sie Ihren Fortschritt und optimieren Sie
Erfolg im Affiliate-Marketing stellt sich nicht über Nacht ein. Es erfordert die Überwachung Ihres Fortschritts, die

Analyse, was funktioniert und was nicht, und die entsprechende Optimierung Ihrer Strategie. Instagram bietet aufschlussreiche Analysen, die Ihnen helfen können, Ihr Publikum besser zu verstehen und Ihre Content-Strategie zu optimieren, um Ihre Affiliate-Einnahmen zu maximieren.

Zusammenfassend lässt sich sagen, dass Affiliate-Marketing auf Instagram Ihnen eine aufregende Möglichkeit eröffnet, Geld zu verdienen und gleichzeitig das zu tun, was Sie lieben. Durch die Auswahl der richtigen Partnerprogramme, die Erstellung ansprechender Inhalte, die effektive Nutzung von Affiliate-Links und die kontinuierliche Optimierung Ihres Ansatzes sind Sie auf dem besten Weg, Ihre Instagram-Präsenz in ein profitables Unternehmen zu verwandeln.

Mit Beharrlichkeit und Kreativität sind Ihrem Affiliate-Marketing-Erfolg auf Instagram keine Grenzen gesetzt. In den folgenden Kapiteln werden wir weitere Möglichkeiten erkunden, wie Sie Ihre Social-Media-Präsenz monetarisieren und ein wahrer Meister der sozialen Gewinne werden können. Denken Sie daran, dass diese Reise kein Sprint, sondern ein Marathon ist, und jeder Schritt, den Sie machen, bringt Sie Ihrem Ziel näher. Lassen Sie uns gemeinsam in die dynamische Welt der Social-Media-Rentabilität vorwärts gehen!

Vergrößern Sie Ihre Instagram-Fangemeinde

Instagram ist nicht nur ein virtueller Spielplatz. Es ist ein geschäftiger Marktplatz, eine globale Bühne und eine eng verbundene Community in einem. Und die Währung, die dieses Ökosystem antreibt? Anhänger. Je mehr Sie haben, desto mehr Einfluss üben Sie aus und desto höher wird Ihr Monetarisierungspotenzial.

Die Kunst, eine echte Gemeinschaft aufzubauen

Um Ihre Instagram-Fangemeinde zu vergrößern, müssen Sie verstehen, dass Sie nicht nur ein Publikum aufbauen. Du erschaffst eine Community. Follower sind nicht nur Zahlen; Sie sind potenzielle Kunden, Markenbotschafter und vor allem Menschen. Sie sehnen sich nach Authentizität, Engagement und Wertschätzung.

Beginnen Sie damit, Ihre Nische zu definieren. Instagram ist eine vielfältige Plattform, und wenn Sie Ihre Ecke in dieser weitläufigen digitalen Landschaft finden, können Sie die richtigen Follower gewinnen. Bist du ein Fitness-Enthusiast? Ein Tech-Genie? Ein Kochmeister? Bleiben Sie bei Ihrer Nische und lassen Sie sie in Ihren Inhalten nachhallen.

Qualitativ hochwertige Inhalte erstellen: Nicht verhandelbar

Das Herzstück von Instagram liegt in seinen visuell fesselnden Inhalten. Hochwertige Bilder und Videos, gepaart mit ansprechenden Bildunterschriften, können die Voraussetzungen für Ihr Wachstum schaffen. Denken Sie jedoch daran, dass Qualität Quantität übertrumpft.

Zehnmal am Tag zu posten, spielt keine Rolle, wenn Ihre Inhalte bei Ihrem Publikum nicht ankommen.

Erwägen Sie, in eine gute Kamera zu investieren, lernen Sie die Grundlagen der Fotografie und beherrschen Sie die Bearbeitungswerkzeuge von Instagram. Verwenden Sie relevante Hashtags, um die Auffindbarkeit zu erhöhen, aber vermeiden Sie Spamming. Ihre Untertitel sollten einen Mehrwert bieten, inspirieren, aufklären oder unterhalten. Erstellen Sie Inhalte, die Gespräche anregen und Ihre Follower zum Engagement anregen.

Die Kraft des konsistenten Engagements

Der Algorithmus von Instagram belohnt Engagement. Je mehr du mit deinen Followern interagierst, desto höher ist deine Sichtbarkeit. Machen Sie es sich zur Gewohnheit, auf Kommentare und Nachrichten zu antworten, und scheuen Sie sich nicht, sich auch mit den Inhalten anderer Benutzer zu beschäftigen. Behandeln Sie Ihre Follower wie Freunde, und sie werden wahrscheinlich dasselbe tun.

Instagram Stories bieten eine fantastische Möglichkeit, sich zu engagieren. Verwenden Sie Umfragen, Fragen und Countdown-Sticker, um die Interaktion zu fördern. Regelmäßiges Live-Gehen kann Ihnen auch dabei helfen, mit Ihren Followern auf einer persönlicheren Ebene in Kontakt zu treten.

Kollaborationen und Influencer-Partnerschaften

Die Zusammenarbeit mit anderen Instagram-Nutzern in Ihrer Nische kann Ihr Profil einem neuen Publikum vorstellen. Wenden Sie sich an Influencer, um Shoutouts oder Feature-Swaps zu erhalten. Sie können auch in Betracht ziehen, Instagram-Wettbewerbe oder Werbegeschenke zu veranstalten, bei denen die Teilnehmer Ihrem Konto folgen und ihre Freunde markieren müssen. Diese Strategie kann eine virale Schleife erzeugen, die Ihre Followerzahl erheblich erhöht.

Nutzen Sie die Tools von Instagram zu Ihrem Vorteil

Die integrierten Tools von Instagram können erheblich zu Ihrer Wachstumsstrategie beitragen. Instagram Insights liefert wertvolle Daten über Ihre Follower und wie sie mit Ihren Inhalten interagieren. Nutzen Sie diese Informationen, um Ihre Content-Strategie und Ihren Zeitplan für die Veröffentlichung zu verfeinern.

Zusammenfassend lässt sich sagen, dass das Wachstum Ihrer Instagram-Fangemeinde eher ein Marathon als ein Sprint ist. Es erfordert Beständigkeit, Kreativität und ein echtes Engagement für den Aufbau einer Gemeinschaft. Halten Sie Ihre Follower im Mittelpunkt Ihrer Strategie, und die Zahlen werden folgen. Wenn Sie diese Strategien befolgen, erhöhen Sie nicht nur Ihre Followerzahl, sondern maximieren auch Ihr Potenzial, Ihre Instagram-Präsenz in ein lukratives Unternehmen umzuwandeln. Seien Sie geduldig, seien Sie hartnäckig und beobachten Sie, wie Ihr Instagram-Imperium wächst.

Facebook-Monetarisierungsstrategien

Facebook-Marktplatz und Facebook-Shops

In der pulsierenden Welt des Online-Handels hat sich Facebook zu einem Marktplatz-Titanen entwickelt. Mit über 2,8 Milliarden aktiven Nutzern bietet Facebook ein riesiges globales Publikum, das große und kleine Unternehmen ansprechen können. In diesem Kapitel erfahren Sie, wie Sie die leistungsstarken Verkaufstools von Facebook nutzen können: Facebook Marketplace und Facebook Shops.

Beginnen wir mit dem Facebook Marketplace, einem geschäftigen digitalen Basar, auf dem Nutzer Waren vor Ort kaufen und verkaufen oder im ganzen Land versenden können. Mit seiner einfachen, intuitiven Benutzeroberfläche ist der Facebook Marketplace für viele Verkäufer zu einer Anlaufstelle geworden. Es ist so einfach wie ein Foto von Ihrem Artikel zu machen, es hochzuladen, einen Preis festzulegen und darauf zu warten, dass sich interessierte Käufer melden. So einfach ist das.

Aber wie heben Sie sich in diesem geschäftigen Markt ab? Hier sind ein paar Strategien, um Ihren Erfolg zu steigern.

- Hochwertige Fotos: Ein Bild sagt mehr als tausend Worte. Hochwertige Fotos, die Ihr Produkt genau darstellen, können mehr potenzielle Käufer anziehen. Erwägen Sie, in eine gute Kamera oder

ein Smartphone zu investieren, um Ihre Produkte im besten Licht einzufangen.
- Detaillierte Beschreibungen: Geben Sie klare und prägnante Beschreibungen Ihrer Produkte an. Heben Sie die wichtigsten Merkmale hervor, spezifizieren Sie den Zustand und machen Sie alle Mängel transparent. Dies trägt dazu bei, Vertrauen bei Ihren Käufern aufzubauen und die Wahrscheinlichkeit von Transaktionsstreitigkeiten zu verringern.
- Wettbewerbsfähige Preise: Überwachen Sie den Markt auf ähnliche Artikel und bepreisen Sie Ihre Produkte wettbewerbsfähig. Denken Sie daran, dass Käufer sehen können, zu welchen Preisen ähnliche Artikel verkauft werden, also bepreisen Sie Ihre Artikel angemessen, um wettbewerbsfähig zu bleiben.
- Schnelle Kommunikation: Reagieren Sie zeitnah und professionell auf Anfragen. Eine gute Kommunikation ist entscheidend für erfolgreiche Transaktionen und positive Käuferbewertungen.

Konzentrieren wir uns nun auf Facebook Shops, ein fortschrittlicheres Tool, mit dem Unternehmen Online-Shops mit einem oder mehreren Produkten innerhalb von Facebook einrichten können. Mit Facebook Shops kannst du ein individuelles Einkaufserlebnis schaffen, komplett mit deinem Branding, kollektionsbasiertem Einkaufen und sogar Augmented-Reality-Funktionen.

Das Einrichten eines Facebook-Shops ist ein Kinderspiel. Sie können Ihren bestehenden E-Commerce-Katalog importieren, neue Produkte einrichten und Bestellungen und Versand direkt von Ihrer Facebook-Seite aus verwalten. Außerdem wird Ihr Facebook-Shop automatisch für mobile Geräte optimiert, um ein reibungsloses Einkaufserlebnis für Ihre Kunden zu gewährleisten.

So holen Sie das Beste aus Ihrem Facebook-Shop heraus:

1. Branding: Ihr Shop sollte die Identität Ihrer Marke widerspiegeln. Verwenden Sie konsistente Farben, Schriftarten und Bilder, die zu Ihrer Marke passen, um ein zusammenhängendes Einkaufserlebnis zu schaffen.
2. Produktkategorien: Organisieren Sie Ihre Produkte in logische Kategorien oder Sammlungen. Dies erleichtert es den Kunden, das zu finden, wonach sie suchen, und neue Produkte zu entdecken.
3. Zahlungsoptionen: Bieten Sie mehrere Zahlungsoptionen an, um einer Vielzahl von Kundenpräferenzen gerecht zu werden. Dazu können Kreditkarten, PayPal oder sogar Facebook Pay gehören, um ein nahtloses Checkout-Erlebnis zu gewährleisten.
4. Kundenservice: Genau wie beim Facebook Marketplace ist eine schnelle und professionelle Kommunikation der Schlüssel.

Reagieren Sie schnell auf Kundenanfragen und Lösen Sie alle Probleme, um einen positiven Ruf der Marke zu erhalten.
5. Promotion: Nutzen Sie die leistungsstarken Werbetools von Facebook, um Ihren Shop und einzelne Produkte zu bewerben. Sie können bestimmte demografische Merkmale, Standorte und Interessen ansprechen, um Ihre idealen Kunden zu erreichen.

Denken Sie daran, dass sich Facebook Marketplace und Facebook Shops nicht gegenseitig ausschließen. Sie können den Marketplace für den lokalen Verkauf und Facebook-Shops für ein umfassenderes E-Commerce-Erlebnis mit Markenzeichen nutzen. Beide Plattformen bieten einzigartige Vorteile, und wenn Sie sie zusammen nutzen, können Sie Ihre Reichweite und Ihren Gewinn auf Facebook maximieren.

Zusammenfassend lässt sich sagen, dass Facebook leistungsstarke Tools für den Online-Verkauf bietet, mit denen Sie ein großes Publikum erreichen und Ihr Geschäft ausbauen können. Durch die Umsetzung dieser Strategien und die kontinuierliche Optimierung Ihres Ansatzes können Sie Ihre Facebook-Präsenz in einen profitablen Vertriebskanal verwandeln.

In der sich ständig weiterentwickelnden digitalen Landschaft hat sich Facebook zu mehr als nur einer Plattform entwickelt, um mit Freunden und Familie in Kontakt zu treten. Es ist ein geschäftiger virtueller

Marktplatz, ein globaler Basar, der Ihnen zur Verfügung steht. Mit über 2,8 Milliarden aktiven Nutzern weltweit ist Ihr potenzieller Kundenstamm riesig.

Facebook Marketplace ist ein digitales Schaufenster, in dem Sie Artikel auflisten und verkaufen können, von gebrauchten Büchern über Möbel bis hin zu Autos. Es ist wie ein Flohmarkt, aber mit einem globalen Publikum. Stellen Sie sich vor, Sie sind ein kleiner Einzelhändler für Vintage-Kleidung. Traditionell sind Ihre Kunden möglicherweise auf diejenigen in Ihrer Nähe beschränkt. Aber mit dem Facebook Marketplace kannst du Vintage-Mode-Enthusiasten auf der ganzen Welt erreichen. Sie machen Fotos von Ihren Produkten, listen sie auf dem Marktplatz mit einer detaillierten Beschreibung und einem Preis auf und voila! Ihre Artikel sind für Millionen von Menschen sichtbar. Wenn ein Nutzer Interesse zeigt, ermöglicht Facebook ein direktes Gespräch zwischen Ihnen und dem potenziellen Käufer, bei dem Sie Preise aushandeln und Lieferoptionen besprechen können.

Während Marketplace perfekt für Einzelpersonen und kleine Unternehmen ist, ist Facebook Shops eine robustere Plattform, die für Unternehmen entwickelt wurde, die eine starke Online-Einzelhandelspräsenz aufbauen möchten. Es ermöglicht Ihnen, ein vollständig angepasstes digitales Schaufenster zu erstellen, das dem Erscheinungsbild Ihrer Marke entspricht.

Nehmen wir an, Sie sind ein handwerklicher Seifenhersteller. Du kannst einen Facebook-Shop erstellen, der die Ästhetik deiner Marke widerspiegelt, vielleicht mit einem frischen, klaren Design, das die natürlichen Inhaltsstoffe deiner Seife widerspiegelt. Sie können Ihre Seifen nach Duft, Inhaltsstoff oder einer anderen Klassifizierung kategorisieren, die für Ihre Produkte sinnvoll ist. Kunden können deine Produkte durchsuchen, Artikel in ihren Warenkorb legen und direkt auf Facebook zur Kasse gehen.

Darüber hinaus lässt sich Facebook Shops nahtlos in Instagram integrieren, sodass Sie ein breiteres Publikum ansprechen können. Ein Bild Ihrer nach Lavendel duftenden Seife auf Instagram kann einen potenziellen Kunden mit einem einfachen Klick direkt zu Ihrem Facebook-Shop führen.

Sowohl der Facebook Marketplace als auch die Shops bieten wertvolle Einblicke in deine Kunden und wie sie mit deinen Einträgen interagieren. Sie können sehen, welche Artikel die meisten Aufrufe erhalten und zu welchen Zeiten Ihr Shop den meisten Traffic erhält. Mit diesen Informationen können Sie Ihre Strategien anpassen, indem Sie vielleicht zu Spitzenzeiten neue Angebote veröffentlichen oder einen Verkauf beliebter Artikel anbieten.

Um die Sichtbarkeit weiter zu erhöhen, können Sie die leistungsstarken Werbetools von Facebook nutzen. Sie können beispielsweise gezielte Anzeigen erstellen, um Personen zu erreichen, die Interesse an ähnlichen Produkten wie Ihnen bekundet haben.

Egal, ob Sie ein angehender Unternehmer oder ein etabliertes Unternehmen sind, das seine digitale Präsenz erweitern möchte, Facebook Marketplace und Shops bieten effektive und benutzerfreundliche Plattformen, um potenzielle Kunden zu erreichen. Wie bei jedem Geschäftsvorhaben erfordert der Erfolg auf Facebook, dass du deine Zielgruppe verstehst, deine Produkte effektiv präsentierst und deine Strategie auf der Grundlage von Performance-Erkenntnissen kontinuierlich anpasst.

Gesponserte Beiträge und Anzeigen - Monetarisierung Ihrer Facebook-Seite

Heute ist Facebook nicht nur eine Social-Media-Plattform. Es ist ein dynamischer Marktplatz, der von Milliarden von Nutzern weltweit frequentiert wird. Wie stellen Sie bei einem so großen Publikum, das Ihnen zur Verfügung steht, sicher, dass sich Ihre Marke oder Ihr Unternehmen von der Masse abhebt? Die Antwort liegt in der strategischen Nutzung von gesponserten Beiträgen und Anzeigen.

Sponsored Posts: Ihr Ticket zur Sichtbarkeit

Beginnen wir mit gesponserten Beiträgen, einer Art von Inhalten, für die Sie bezahlen, um sie auf Facebook zu bewerben. Diese Beiträge sehen aus wie normale Beiträge, erreichen aber ein breiteres Publikum, da sie in den News Feeds von Personen erscheinen, die deiner Seite nicht unbedingt folgen.

Stellen Sie sich vor, Sie betreiben eine kleine Bäckerei, die für ihre köstlichen hausgemachten Kekse berühmt ist. Ihre Beiträge über neue Geschmacksrichtungen oder Sonderaktionen erreichen möglicherweise nur Ihre bestehenden Follower. Aber was wäre, wenn Sie die Newsfeeds von Menschen erreichen könnten, die Kekse lieben, aber Ihre Bäckerei noch nicht entdeckt haben? Hier kommen gesponserte Beiträge ins Spiel.

Indem Sie einen Beitrag sponsern, kaufen Sie im Wesentlichen ein Ticket für Ihre Inhalte, um weiter zu reisen. Sie legen ein Budget und eine Zielgruppe basierend auf demografischen Merkmalen, Interessen und Verhaltensweisen fest. Ihr Beitrag über ein Sonderangebot für Schokoladenkekse könnte also in den Newsfeeds von "Keksliebhabern" in Ihrer Stadt erscheinen und so potenzielle Neukunden erreichen.

Facebook-Anzeigen: Maßgeschneidert und zielgerichtet

Während gesponserte Beiträge eine großartige Möglichkeit sind, die Sichtbarkeit Ihrer Inhalte zu erhöhen, sind Facebook-Anzeigen der Ort, an dem die wahre Magie passiert. Anzeigen bieten mehr Anpassungsoptionen und Targeting-Funktionen, mit denen Sie Kampagnen erstellen können, die auf Ihre spezifischen Ziele zugeschnitten sind.

Bleiben wir bei unserem Bäckerei-Beispiel. Sie bringen einen neuen Keks auf den Markt – eine glutenfreie

Gourmet-Option. Mit Facebook Ads kannst du eine Kampagne erstellen, die sich speziell an Personen richtet, die sich für eine glutenfreie Ernährung in deinem Liefergebiet interessieren. Sie können die Altersgruppe, die Interessen, das Verhalten und sogar die Zeiten festlegen, zu denen sie online am aktivsten sind. Ihre Anzeige könnte ansprechende Bilder, einen überzeugenden Call-to-Action und sogar einen Link zu Ihrem Online-Shop enthalten, in dem sie eine Bestellung aufgeben können.

Denken Sie daran, dass der Schlüssel zu einer erfolgreichen Anzeige darin besteht, Ihre Zielgruppe zu verstehen und Inhalte zu liefern, die bei ihnen Anklang finden. Die detaillierten Targeting-Optionen von Facebook Ads erleichtern dies, indem sie es Ihnen ermöglichen, die richtigen Personen zur richtigen Zeit zu erreichen.

Anzeigenformate und Placements verstehen

Facebook-Werbeanzeigen bieten eine Vielzahl von Anzeigenformaten, von einfachen Image-Anzeigen bis hin zu immersiven Vollbild-Erlebnissen. Das von Ihnen gewählte Format sollte mit Ihren Kampagnenzielen übereinstimmen. Wenn Sie die Markenbekanntheit steigern möchten, kann eine Videoanzeige, die Ihre Bäckerei in Aktion zeigt, effektiv sein. Wenn du für ein neues Produkt wirbst, könnte eine Karussell-Anzeige mit mehreren Bildern deiner glutenfreien Kekse der richtige Weg sein.

Auch die Anzeigenplatzierung ist entscheidend. Facebook bietet mehrere Platzierungsoptionen, darunter den News Feed, die rechte Spalte und sogar Instagram. Der Ort, an dem Ihre Anzeige geschaltet wird, kann sich erheblich auf die Leistung auswirken. Experimentieren Sie also mit verschiedenen Platzierungen, um herauszufinden, was für Ihre Kampagne am besten funktioniert.

Analysieren Sie die Leistung und optimieren Sie Ihre Strategie

Einer der größten Vorteile von gesponserten Beiträgen und Anzeigen ist die Fülle an Leistungsdaten, die Facebook zur Verfügung stellt. Sie können sehen, wie viele Personen Ihren Beitrag gesehen haben, wie viele damit interagiert haben und ob er zu Website-Besuchen oder Verkäufen geführt hat. Diese Daten sind Gold wert, um zu verstehen, was funktioniert und was nicht, sodass Sie Ihre Strategie für zukünftige Kampagnen optimieren können.

Denken Sie daran, dass der Erfolg nicht über Nacht kommt. Es geht darum, zu testen, zu lernen und sich anzupassen. Jede Kampagne ist ein Schritt näher daran, Ihre Zielgruppe zu verstehen und Inhalte zu erstellen, die sie wirklich ansprechen.

Im heutigen digitalen Zeitalter ist die Macht der sozialen Medien unbestreitbar. Mit über 2,8 Milliarden Nutzern ist Facebook ein Beweis für diese Macht und bietet eine beispiellose Möglichkeit, Zielgruppen auf der ganzen Welt zu erreichen. Aber über die bloße Reichweite hinaus hat sich Facebook zu einem lebendigen Marktplatz entwickelt, einem Kanal für Unternehmen und Einzelpersonen, um ihre Online-Präsenz zu monetarisieren. Dieses Kapitel befasst sich mit einer der wirkungsvollsten Möglichkeiten, dies zu tun: Gesponserte Beiträge und Anzeigen.

Ein gesponserter Beitrag ist eine Art von Werbung, bei der Sie dafür bezahlen, dass Ihre Inhalte prominent in den Feeds der Benutzer angezeigt werden. Es mag auf den ersten Blick wie ein normaler Beitrag erscheinen, aber mit seinem beworbenen Status kann er über Ihre unmittelbaren Follower hinaus ein breiteres Publikum erreichen, das auf Standort, Interessen, Alter und mehr ausgerichtet ist. Es ist, als würde man seine Botschaft auf eine Werbetafel im belebtesten Teil der Stadt schreiben, nur dass diese "Stadt" Milliarden von Einwohnern hat, von denen jeder potenzielle Kunde ist.

Stellen Sie sich vor, Sie sind ein Fitnesstrainer mit einer eigenen Facebook-Seite. Sie haben hart daran gearbeitet, eine Follower-Basis aufzubauen, die Ihre Trainingsvideos und Gesundheitstipps zu schätzen weiß. Ein lokales Sportartikelunternehmen kommt auf Sie zu und bietet Ihnen eine Summe an, um seine neue Yogamattenlinie in einem Ihrer Beiträge vorzustellen. Dies ist ein gesponserter Beitrag in Aktion. Sie erhalten nicht nur eine Zahlung für den Beitrag, sondern Ihr Publikum erfährt auch von einem Produkt, das seinen Interessen entspricht. Es ist eine Win-Win-Situation.

Die Erstellung effektiver gesponserter Beiträge erfordert jedoch einen strategischen Ansatz. Der Inhalt muss ansprechend und authentisch sein und mit der Stimme Ihrer Marke übereinstimmen. Eine nahtlose Integration des Sponsorings in Ihre Inhalte erhöht das Engagement des Publikums und verhindert, dass sich Ihre Follower mit Anzeigen bombardiert fühlen. Denken Sie daran, dass gesponserte Beiträge einen Mehrwert für das Erlebnis Ihres Publikums darstellen und nicht davon ablenken sollten.

Lassen Sie uns nun über Facebook-Anzeigen sprechen. Dabei handelt es sich um eine direktere Form der Werbung, bei der Sie eine bestimmte Anzeige erstellen, ein Budget festlegen und Ihre Zielgruppe definieren. Die fortschrittlichen Algorithmen von Facebook leiten Ihre Anzeige dann an Nutzer weiter, die Ihren Zielkriterien entsprechen. Anzeigen können verwendet werden, um Ihre Seite zu bewerben, Ihre Beiträge zu bewerben, den Website-Traffic zu erhöhen oder sogar bestimmte Call-to-Actions wie App-Downloads, Shop-Bestellungen und mehr zu fördern.

Kehren wir zur Veranschaulichung zu unserem Beispiel mit dem Fitnesstrainer zurück. Angenommen, Sie haben gerade einen Online-Kurs für eine 30-tägige Fitness-Challenge gestartet. Sie können eine Facebook-Anzeige erstellen, die für diesen Kurs wirbt und sich an Benutzer richtet, die an Fitness und Wellness interessiert sind. Mit einem überzeugenden Anzeigentext und einem klaren Call-to-Action ("Melden Sie sich jetzt für die Challenge an!") können Sie neue Studenten gewinnen und Ihr Geschäft und Ihr Einkommen steigern.

Die Stärke von Facebook-Anzeigen liegt jedoch in den Anpassungs- und Tracking-Funktionen. Sie können Ihr Budget festlegen, die Dauer der Anzeigenschaltung festlegen und sogar die Tageszeiten auswählen, zu denen die Anzeige geschaltet wird. Darüber hinaus bietet Facebook detaillierte Analysen, die Ihnen Einblicke in die Leistung Ihrer Anzeige geben und Ihnen helfen, Ihre Strategie für eine maximale Wirkung zu optimieren.

Denken Sie jedoch daran, dass das Potenzial von Facebook-Anzeigen zwar riesig ist, aber auch die Konkurrenz. Ihre Anzeige muss auffallen. Verwenden Sie hochwertiges Bildmaterial, überzeugende Texte und ein klares Wertversprechen. Experimentieren Sie weiter mit verschiedenen Anzeigenformaten, Zielgruppen und Inhalten, um herauszufinden, was für Ihre Marke am besten funktioniert.

Gesponserte Beiträge und Facebook-Anzeigen bieten eine Möglichkeit, Ihre Facebook-Seite zu monetarisieren und Ihre Online-Präsenz in eine Einnahmequelle zu verwandeln. Sie sind leistungsstarke Werkzeuge in Ihrem Arsenal, wenn Sie sich in der Welt der Social-Media-Gewinne bewegen. Sie erfordern jedoch eine durchdachte Strategie, authentische Inhalte und kontinuierliche Optimierung, um wirklich zu glänzen. Wenn Sie in den Bereich der gesponserten Beiträge und Anzeigen einsteigen, denken Sie daran, dass Ihr Ziel nicht nur darin besteht, zu verkaufen, sondern auch einen Mehrwert zu schaffen – für Ihre Follower, für Ihre Sponsoren und für Ihre eigene Marke.

Im digitalen Zeitalter, in dem Social-Media-Plattformen wie Facebook und Instagram zu wichtigen Bestandteilen unseres Lebens geworden sind, ist auch das Potenzial, über diese Plattformen erhebliche Einnahmen zu erzielen, exponentiell gewachsen. In diesem Kapitel entmystifizieren wir die Welt der gesponserten Beiträge und Anzeigen auf Facebook und untersuchen, wie Sie sie nutzen können, um Ihre Präsenz effektiv zu monetarisieren.

Der Kern der Facebook-Monetarisierung liegt im Konzept der gesponserten Beiträge und Anzeigen. Aber was genau sind sie? Gesponserte Beiträge sind Inhalte, die ein Unternehmen oder eine Einzelperson dafür bezahlt, dass Sie sie auf Ihrer Facebook-Seite teilen. Dabei kann es sich um alles Mögliche handeln, von Werbebeiträgen über ein Produkt oder eine Dienstleistung bis hin zu einem einfachen Shout-Out. Werbeanzeigen hingegen sind Werbematerialien, die du erstellst und Facebook bezahlst, um sie an eine bestimmte Zielgruppe zu verteilen. Beide haben ein immenses Potenzial zur Umsatzgenerierung, wenn sie strategisch genutzt werden.

Lassen Sie uns zuerst in gesponserte Beiträge eintauchen. Stellen Sie sich vor: Sie betreiben eine fitnessorientierte Facebook-Seite mit einem großen, engagierten Publikum. Ein Sportartikelhersteller wendet sich an Sie und bietet Ihnen an, für einen Beitrag zu bezahlen, in dem für seine neue Laufschuhlinie geworben wird. Dies ist im Wesentlichen ein gesponserter Beitrag. Es ist eine Win-Win-Situation – das Unternehmen gewinnt an Sichtbarkeit und potenziellen Kunden, und Sie verdienen Geld für das Teilen des Beitrags.

Es ist jedoch wichtig, sich daran zu erinnern, dass Ihr Publikum Ihnen vertraut. Sie sollten nur Produkte oder Dienstleistungen empfehlen, die mit Ihrer Marke und dem, was Ihre Follower von Ihnen erwarten, übereinstimmen. Wenn Sie beispielsweise eine Seite für einen veganen Lebensstil betreiben, kann die Werbung für ein Steakhouse zu einem Vertrauensverlust bei Ihren Followern führen. Stattdessen würde die Ausrichtung auf ein veganes Restaurant oder einen pflanzlichen Essensservice bei Ihrem Publikum besser ankommen.

Weiter zu Facebook-Anzeigen. Dies sind die Anzeigen, die Sie sehen, wenn Sie durch Ihren Facebook-Feed scrollen. Als Seiteninhaber können Sie diese Anzeigen erstellen und bezahlen, um eine bestimmte Zielgruppe zu erreichen. Der Vorteil von Facebook-Anzeigen liegt in ihrem Targeting. Sie können Ihre Zielgruppe nach Alter, Standort, Interessen und mehr auswählen. Wenn Sie beispielsweise handgefertigten Schmuck verkaufen, können Sie Frauen im Alter von 20 bis 35 Jahren ansprechen, die Interesse an Mode und Accessoires gezeigt haben.

Aber wie schlägt sich das in den Umsatz nieder? Es dreht sich alles um den Return on Investment (ROI). Wenn der Umsatz, den Sie mit den Kunden erzielen, die Sie durch die Anzeige gewinnen, höher ist als das, was Sie für die Anzeige selbst ausgegeben haben, haben Sie einen Gewinn erzielt. Es ist wichtig, die Leistung Ihrer Anzeigen zu verfolgen, um sicherzustellen, dass sie effektiv sind. Wenn eine Anzeige nicht genügend Rendite generiert, müssen Sie möglicherweise Ihre Strategie anpassen – vielleicht eine andere Zielgruppe ansprechen, den Anzeigentext ändern oder das Bildmaterial anpassen.

Um im Bereich der Facebook-Monetarisierung erfolgreich zu sein, ist es wichtig, ein Gleichgewicht zwischen gesponserten Beiträgen und Anzeigen zu finden. Zu viele gesponserte Beiträge können dazu führen, dass sich Ihre Seite spammig anfühlt, und wenn Sie sich zu sehr auf Anzeigen verlassen, kann Ihr Budget schnell aufgebraucht werden, wenn sie nicht gut optimiert sind. Eine gute Mischung aus beidem, die auf Ihre Zielgruppe und Ihre Geschäftsziele zugeschnitten ist, kann Ihnen helfen, Ihre Gewinne zu maximieren.

Um dies ins rechte Licht zu rücken, schauen wir uns ein Beispiel aus dem wirklichen Leben an: Stellen Sie sich eine Bio-Hautpflegemarke vor, die eine Facebook-Seite mit einer großen Fangemeinde hat. Die Marke kann ihre Seite monetarisieren, indem sie gesponserte Inhalte über andere ergänzende Produkte wie Handtücher aus Bio-Baumwolle oder umweltfreundliche Yogamatten veröffentlicht. Gleichzeitig kann die Marke auch Anzeigen schalten, die sich an Personen richten, die sich für Hautpflege, Wellness und Nachhaltigkeit interessieren, und so potenzielle Kunden erreichen, die ihrer Seite möglicherweise noch nicht folgen.

Die Monetarisierung Ihrer Facebook-Seite durch gesponserte Beiträge und Anzeigen ist eine Kunst, die es erfordert, Ihre Zielgruppe zu verstehen, sich mit den richtigen Marken für gesponserte Beiträge abzustimmen und effektive Anzeigen zu erstellen. Dieses Kapitel hat Ihnen ein umfassendes Verständnis dieser Konzepte vermittelt.

Im Juni 2023 rangiert Facebook mit einem Suchvolumen von 821.100.000 auf Platz zwei der meistgesuchten Keywords weltweit. Es ist ein Bewels für die immense Macht und Reichweite der Plattform und eröffnet eine Welt voller Potenzial für alle, die daran interessiert sind, ihre Facebook-Präsenz zu monetarisieren. Dieses Kapitel befasst sich mit einer der effektivsten Methoden der Monetarisierung: Gesponserte Beiträge und Anzeigen.

Stellen Sie sich Folgendes vor: Sie haben eine Facebook-Seite, auf der es nur so von engagierten Followern wimmelt. Sie interagieren mit Ihren Beiträgen, liken Ihre Fotos und beteiligen sich an den Diskussionen, die Sie initiieren. Wie können Sie nun diese lebendige Gemeinschaft in eine Einnahmequelle verwandeln, ohne ihr Vertrauen und Engagement zu gefährden? Tauchen Sie ein in die Welt der gesponserten Beiträge und Anzeigen.

Gesponserte Beiträge sind Inhalte, die Unternehmen dafür bezahlen, dass Sie sie auf Ihrer Facebook-Seite teilen. Sie können in Form eines Bildes, Videos oder Textes vorliegen und sollen für ein Produkt, eine Dienstleistung oder einen guten Zweck werben. Gesponserte Beiträge sind mit dem Label "Gesponsert" versehen, was Transparenz und Vertrauen zwischen Ihnen und Ihren Followern ermöglicht.

Das Schöne an gesponserten Beiträgen ist ihre Fähigkeit, sich nahtlos in den Feed Ihrer Follower einzufügen. Anstatt aufdringlich zu wirken, bieten sie Wert und Unterhaltung, halten Ihr Publikum bei der Stange und bewerben gleichzeitig das Angebot des Sponsors.

Denken Sie an eine lokale Buchhandlung, die den Bekanntheitsgrad ihrer neu eingetroffenen Hörbuchsammlung steigern möchte. Angesichts der zunehmenden Beliebtheit von Hörbüchern bezahlen sie Sie dafür, über ihre neue Kollektion zu posten, vielleicht mit einem fesselnden Video, das die Sammlung und das gemütliche Ambiente der Buchhandlung präsentiert. Ihre Follower, die Ihrem Geschmack und Urteilsvermögen vertrauen, werden sich wahrscheinlich dafür interessieren, die Buchhandlung besuchen oder sogar einen Kauf tätigen.

Anzeigen hingegen beinhalten das Erstellen und Ausführen einer Kampagne über den Ad Manager von Facebook. Im Gegensatz zu gesponserten Beiträgen sind Anzeigen nicht auf Ihre Follower beschränkt. Sie können basierend auf den von Ihnen festgelegten Targeting-Parametern wie Alter, Standort und Interessen eine breitere Zielgruppe erreichen. Der Umfang und die Reichweite von Facebook-Anzeigen können Ihr Verdienstpotenzial erheblich erhöhen.

Facebook-Gruppen: Nutzung von Facebook-Gruppen für Geschäftswachstum und Monetarisierung

In unserer vernetzten Welt ist Facebook ein Titan der digitalen Kommunikation, eine Plattform, auf der Menschen zusammenkommen, um ihr Leben, ihre Geschichten und Interessen zu teilen. Mit Stand Juni 2023 ist Facebook mit über 821.100.000 Suchanfragen der am zweithäufigsten gesuchte Begriff weltweit, was seine Bedeutung in unserer digitalen Landschaft festigt. In diesem Kapitel erfahren Sie, welche Möglichkeiten Facebook-Gruppen haben und wie Sie sie für das Unternehmenswachstum und die Monetarisierung nutzen können.

Stellen Sie sich einen belebten Stadtplatz vor, auf dem sich Menschen versammeln, um Neuigkeiten auszutauschen, Waren zu tauschen, Ideen zu diskutieren oder einfach ein Gemeinschaftsgefühl zu genießen. Das ist es, was eine Facebook-Gruppe ist – ein digitaler Marktplatz. Es ist ein Raum, in dem sich Menschen mit gemeinsamen Interessen verbinden, Ideen austauschen und sinnvolle Gespräche führen. Die Magie von Facebook-Gruppen liegt in ihrer Fähigkeit, ein Gemeinschaftsgefühl zu fördern, was sie zu einem unschätzbaren Werkzeug für Unternehmen macht, die Kundenbeziehungen vertiefen und die Markentreue verbessern möchten.

Wie können Sie also Facebook-Gruppen für Ihr Unternehmenswachstum und Ihre Monetarisierung nutzen? Lassen Sie uns diese aufregende Perspektive Schritt für Schritt erkunden.

Schritt 1: Definieren Sie Ihren Zweck

Der erste Schritt bei der Nutzung von Facebook-Gruppen für Unternehmen besteht darin, den Zweck Ihrer Gruppe zu definieren. Möchten Sie einen Raum schaffen, in dem Ihre Kunden mit Ihnen und untereinander interagieren, Fragen stellen und Erfahrungen über Ihre Produkte oder Dienstleistungen austauschen können? Oder vielleicht möchten Sie eine Community um ein gemeinsames Interesse herum aufbauen und so Ihre Marke subtil auf dieses Interesse ausrichten. Dieser Schritt ist von entscheidender Bedeutung, da er den Grundstein für die Ausrichtung und die zukünftigen Aktivitäten Ihrer Gruppe legt.

Wenn Sie beispielsweise ein Autor sind, der ein Hörbuch veröffentlicht hat, können Sie eine Gruppe für Hörbuch-Enthusiasten erstellen. Hier können Mitglieder ihre

Lieblingshörer teilen, Erzähler empfehlen und Handlungen und Charaktere diskutieren. Auf diese Weise positionieren Sie Ihr Hörbuch subtil als Empfehlung unter vielen anderen, wecken Interesse und führen möglicherweise zu höheren Umsätzen.

Schritt 2: Bauen Sie Ihre Community auf und pflegen Sie sie

Das Erstellen einer Facebook-Gruppe ist der einfache Teil. Mit dem Anbau und der Pflege beginnt die eigentliche Arbeit. Interagieren Sie mit Ihren Mitgliedern, indem Sie Diskussionen initiieren, um Feedback bitten und auf ihre Beiträge antworten. Ihre aktive Teilnahme ermutigt Ihre Mitglieder, dasselbe zu tun, und fördert eine lebendige und engagierte Gemeinschaft.

Eine örtliche Buchhandlung könnte zum Beispiel eine Gruppe für Buchliebhaber gründen. Die Eigentümer konnten Diskussionsfragen stellen, Leseherausforderungen erstellen oder virtuelle Autoren-Meet-and-Greets veranstalten. Indem sie sich aktiv mit der Gruppe beschäftigen, pflegen sie nicht nur ihre Community, sondern bewerben auch auf subtile Weise ihren Laden und seine Angebote.

Schritt 3: Mehrwert schaffen

Um die Langlebigkeit und den Erfolg Ihrer Gruppe zu gewährleisten, ist es wichtig, Ihren Mitgliedern einen Mehrwert zu bieten. Dies kann in Form von exklusiven

Angeboten, Vorschauen auf neue Produkte oder wertvollen Inhalten im Zusammenhang mit dem Fokus Ihrer Gruppe geschehen. Indem Sie einen Mehrwert bieten, geben Sie Ihren Mitgliedern einen Grund, zu bleiben, sich zu engagieren und sogar andere einzuladen, sich anzuschließen.

Wenn Sie ein Online-Coach sind, können Sie Ihre Gruppe nutzen, um hilfreiche Tipps zu teilen, Mini-Coaching-Sitzungen anzubieten oder gruppenexklusive Rabatte auf Ihre Coaching-Dienste anzubieten. Dies bietet nicht nur Ihren Mitgliedern einen Mehrwert, sondern dient auch als subtile Werbung für Ihre Dienstleistungen.

Schritt 4: Monetarisieren Sie Ihre Gruppe

Sobald Sie eine aktive, engagierte Community haben, können Sie damit beginnen, Monetarisierungsoptionen zu erkunden. Es gibt mehrere Möglichkeiten, eine Facebook-Gruppe zu monetarisieren. Sie können mit Marken für gesponserte Beiträge zusammenarbeiten, Premium-Mitgliedschaftsstufen anbieten oder Ihre Produkte oder Dienstleistungen direkt über die Gruppe verkaufen.

Zum Beispiel könnte ein digitaler Künstler mit einer Gruppe, die sich der digitalen Kunst widmet, mit einem Softwareunternehmen zusammenarbeiten, um seine Grafikdesign-Software zu bewerben. Sie könnten auch Premium-Mitgliedschaftsstufen anbieten, mit Vorteilen wie exklusiven Tutorials, fortgeschrittenen Designtipps oder persönlichen Beratungen. Diese Strategien schaffen mehrere Einnahmequellen für den Künstler und bieten gleichzeitig einen Mehrwert für seine Gruppenmitglieder.

Schritt 5: Messen Sie Ihren Erfolg

Wie bei jedem Unternehmen ist es wichtig, Ihren Fortschritt zu verfolgen und Ihren Erfolg zu messen. Überwachen Sie die Wachstums-, Engagement- und Verkaufsdaten Ihrer Gruppe, um zu verstehen, was funktioniert und wo Verbesserungen vorgenommen werden können. Nutzen Sie diese Erkenntnisse, um Ihre Strategien zu verfeinern und sicherzustellen, dass Ihre Gruppe wertvoll bleibt und für Ihre Mitglieder interessant bleibt.

Stellen Sie sich ein Unternehmen vor, das digitale Malbücher verkauft. Sie können den Erfolg messen, indem sie die Anzahl der Gruppenmitglieder verfolgen, die sich zu ihrer Website durchklicken und einen Kauf tätigen. Sie könnten auch überwachen, welche Beiträge das meiste Engagement generieren, und diese Informationen nutzen, um ihre zukünftige Content-Strategie zu steuern.

Zusammenfassend lässt sich sagen, dass Facebook-Gruppen eine aufregende Möglichkeit für Unternehmen bieten, die Kundenbindung zu fördern, die Sichtbarkeit der Marke zu verbessern und Einnahmen zu generieren. Indem du deinen Zweck definierst, deine Community aufbaust und pflegst, einen Mehrwert schaffst, deine

Gruppe monetarisiert und deinen Erfolg misst, kannst du Facebook-Gruppen für ein signifikantes Geschäftswachstum und eine Monetarisierung nutzen.

Denken Sie daran, dass der Schlüssel zu einer erfolgreichen Facebook-Gruppe Authentizität ist. Die erfolgreichsten Gruppen sind diejenigen, in denen die Mitglieder ein echtes Gemeinschaftsgefühl und Verbundenheit verspüren. Wenn du dich darauf konzentrierst, einen Mehrwert zu bieten und das Engagement zu fördern, wird die Monetarisierung natürlich folgen und deine Facebook-Gruppe von einem digitalen Marktplatz in einen geschäftigen Marktplatz verwandeln. Möge Ihre Facebook-Gruppe auf Ihrem Weg zum Profit from Socials als florierende Community und leistungsstarkes Werkzeug für das Unternehmenswachstum dienen.

Erweitern Sie Ihre Facebook-Seite:
Die Reichweite deiner Facebook-Seite zu vergrößern ist vergleichbar mit der Aussaat von Samen auf fruchtbarem Boden. Je mehr Samen du verstreust, desto besser sind deine Chancen, eine reiche Ernte einzufahren. In diesem Zusammenhang sind Ihre Follower und Seiten-Likes die Samen, und ihr Potenzial für Engagement und Monetarisierung stellt die üppige Rendite dar. Um Ihre Facebook-Seite zu vergrößern, müssen Sie jedoch mehr tun, als nur Inhalte zu posten und auf das Beste zu hoffen. Es beinhaltet strategische Planung, konsequente Ausführung und regelmäßige Analyse Ihrer Bemühungen. In diesem Kapitel befassen wir uns mit den Strategien, die

Ihnen helfen, mehr Likes und Follower zu gewinnen und die Voraussetzungen für bedeutendere Monetarisierungsmöglichkeiten zu schaffen.

Schritt 1: Definieren Sie Ihr einzigartiges Wertversprechen

Deine Unique Value Proposition (UVP) ist der Herzschlag deiner Facebook-Seite. Es ist das, was Sie von der Konkurrenz unterscheidet und Ihrem Publikum einen überzeugenden Grund gibt, Ihnen zu folgen. Wenn Sie zum Beispiel ein digitaler Künstler sind, der Malbücher verkauft, könnte Ihr UVP einzigartige, handgezeichnete Malvorlagen bieten, die nirgendwo anders zu finden sind.

Schritt 2: Optimieren Sie Ihre Facebook-Seite

Eine vollständig optimierte Facebook-Seite hilft dir, bei mehr Suchanfragen zu erscheinen, mehr Menschen zu erreichen und letztendlich mehr Follower zu gewinnen. Dazu gehören die Verwendung eines ansprechenden Profilbilds und eines Titelbilds, das Ausfüllen aller Abschnitte Ihrer Seiteninformationen mit relevanten und durchsuchbaren Schlüsselwörtern und das Einfügen eines klaren und überzeugenden Call-to-Action (CTA).

Schritt 3: Nutzen Sie Content Marketing

Content ist die Währung der Social-Media-Welt. Hochwertige, ansprechende Inhalte, die bei Ihrem Publikum Anklang finden, werden wahrscheinlich geteilt, erhöhen Ihre Sichtbarkeit und ziehen neue Follower an. Ein gutes Beispiel wäre hier der Fall eines Online-Coaches, der regelmäßig kostenlose Tipps und Strategien teilt und Follower anzieht, die an seinem Fachwissen interessiert sind und möglicherweise bereit sind, für detailliertere Ratschläge zu bezahlen.

Schritt 4: Interagieren Sie mit Ihrem Publikum

Engagement ist keine Einbahnstraße. Wenn Sie auf Kommentare antworten, die Beiträge Ihrer Follower liken und nach ihrer Meinung fragen, fühlen sie sich nicht nur wertgeschätzt, sondern erhöhen auch Ihre Sichtbarkeit in ihren Newsfeeds.

Schritt 5: Führen Sie Wettbewerbe und Werbegeschenke durch

Wettbewerbe und Werbegeschenke können Begeisterung und Engagement wecken und Ihre Follower dazu ermutigen, Ihre Inhalte mit ihren eigenen Netzwerken zu teilen. Dies ist ein bewährter Weg, um Ihre Follower schnell zu erhöhen. Zum Beispiel könnte ein Autor, der Hörbücher verkauft, ein Werbegeschenk für ein kostenloses Hörbuch veranstalten und die Follower bitten, den Beitrag zu liken, zu teilen und zu kommentieren, um teilzunehmen.

Schritt 6: Mit anderen Seiten zusammenarbeiten

Kooperationen können Ihre Reichweite über Ihre bestehende Zielgruppe hinaus erweitern. Erwägen Sie eine Partnerschaft mit einem komplementären Unternehmen für eine gemeinsame Veranstaltung oder Promotion. Beispielsweise könnte eine Mitglieder-Website, die digitale Inhalte anbietet, mit einer ähnlichen Website zusammenarbeiten, um ein gemeinsames Live-Event zu veranstalten und so die Reichweite beider Marken zu erhöhen.

Schritt 7: Verwenden Sie Facebook-Anzeigen

Die leistungsstarken Targeting-Funktionen von Facebook ermöglichen es, eine bestimmte Zielgruppe zu erreichen, die wahrscheinlich an Ihrem Angebot interessiert ist. Dies ist zwar eine finanzielle Investition, aber die Rendite kann in Bezug auf neue Follower und potenzielle Kunden erheblich sein.

Schritt 8: Messen und Einstellen

Verfolgen Sie schließlich Ihren Fortschritt mit den Seiten-Insights von Facebook. Finden Sie heraus, welche Strategien funktionieren und welche nicht. Dieser datengesteuerte Ansatz stellt sicher, dass Sie Ihre Strategie kontinuierlich verfeinern, um maximale Effektivität zu erzielen.

Das Wachstum Ihrer Facebook-Seite ist eine fortlaufende Anstrengung, aber mit diesen Strategien können Sie Ihre Likes und Follower und letztendlich Ihre

Monetarisierungsmöglichkeiten erhöhen. Denken Sie daran, dass es nicht nur um die Zahlen geht – es geht darum, eine Community von engagierten Followern aufzubauen, die Ihr Angebot schätzen und bereit sind, Ihr Unternehmen zu unterstützen.

In der sich ständig weiterentwickelnden Welt der sozialen Medien ist die Pflege einer robusten und ansprechenden Facebook-Seite eine Notwendigkeit für jeden, der seine Online-Präsenz monetarisieren möchte. Mit über 2,8 Milliarden monatlich aktiven Nutzern ist Facebook eine Goldgrube für digitale Unternehmer und Influencer. Jedes "Gefällt mir" und "Folgen" steht für eine Person, die an Ihren Inhalten interessiert ist, und damit für einen potenziellen Kunden. Aber wie können Sie diese Zahlen erhöhen, um Ihr Umsatzpotenzial zu maximieren? Dieses Kapitel befasst sich mit den strategischen Manövern, mit denen Sie Ihre Facebook-Seite erweitern können, um die Monetarisierungsmöglichkeiten zu verbessern.

Die Macht hochwertiger Inhalte

Das Herzstück jeder erfolgreichen Facebook-Seite sind qualitativ hochwertige Inhalte. Es ist das Lebenselixier, das Ihre Seite am Leben und gedeihen lässt. Egal, ob es sich um ansprechende Videos, aufschlussreiche Blogbeiträge, atemberaubende Bilder oder zum Nachdenken anregende Diskussionen handelt, Ihre Inhalte sollten so zugeschnitten sein, dass sie bei Ihrer Zielgruppe Anklang finden. Es sollte relevant, zeitnah und wertvoll sein, Lösungen anbieten, Gespräche anregen und Unterhaltung bieten. Denken Sie daran, dass jeder Beitrag eine Gelegenheit ist, neue Follower zu gewinnen und bestehende zu ermutigen, sich zu engagieren und Ihre Inhalte mit ihren Netzwerken zu teilen.

Nehmen wir zum Beispiel einen Fitness-Influencer, der regelmäßige Trainingsroutinen, gesunde Rezepte und motivierende Zitate veröffentlicht. Diese Beiträge gehen auf die Bedürfnisse und Interessen ihrer Zielgruppe ein und fordern sie auf, der Seite zu folgen, sich mit den Inhalten zu beschäftigen und sie sogar mit ihren Netzwerken zu teilen, wodurch die Sichtbarkeit und das Wachstumspotenzial der Seite erhöht werden.

Die Verwendung von Facebook-Ads

Facebook-Anzeigen können ein leistungsstarkes Tool sein, um die Anzahl der Likes und Follower Ihrer Seite zu erhöhen. Mit erweiterten Targeting-Optionen können Sie eine bestimmte demografische Gruppe basierend auf Alter, Standort, Interessen und mehr erreichen. Eine kleine Investition in Facebook-Anzeigen kann erhebliche Ergebnisse in Bezug auf das Seitenwachstum und in der Folge Monetarisierungsmöglichkeiten erzielen.

Beispielsweise kann ein kleines Unternehmen, das handgefertigten Schmuck verkauft, Anzeigen auf Frauen im Alter von 18 bis 35 Jahren ausrichten, die sich für Mode und Accessoires interessieren. Indem das Unternehmen die richtigen Personen mit einer überzeugenden Anzeige erreicht, kann es seine Seiten-Likes, Follower und potenziellen Kunden erhöhen.

Nutzung von nutzergenerierten Inhalten (UGC)

Nutzergenerierte Inhalte sind eine Fundgrube für Social Proof. Indem Sie Ihre Follower ermutigen, ihre Erfahrungen mit Ihrer Marke oder Ihrem Produkt auf ihren persönlichen Seiten zu teilen und Ihre Seite zu taggen, erhöhen Sie nicht nur das Engagement, sondern erhalten auch Zugang zu einem breiteren Publikum, das den Empfehlungen ihrer Kollegen vertraut.

Stellen Sie sich vor, ein Reiseblogger bittet seine Follower, ihre Lieblingsurlaubsfotos mit einem bestimmten Hashtag zu teilen und die Seite des Bloggers zu markieren. Diese Beiträge fungieren als Mini-Empfehlungen und veranlassen andere in ihrem Netzwerk, die Seite des Bloggers zu besuchen und möglicherweise ihr zu folgen.

Konsistentes und zeitnahes Engagement

Die Interaktion mit Ihrem Publikum ist entscheidend für die Förderung eines Gemeinschaftsgefühls. Reagieren Sie auf Kommentare, liken Sie ihre Beiträge, fragen Sie nach ihrer Meinung und zeigen Sie Wertschätzung. Je mehr Sie mit Ihrem Publikum interagieren, desto wahrscheinlicher ist es, dass es sich mit Ihren Inhalten beschäftigt, Ihrer Seite folgt und sie sogar anderen empfiehlt.

Stellen Sie sich eine Facebook-Seite für einen beliebten Podcast vor, der regelmäßig mit seinen Zuhörern in Kontakt tritt, indem er Fragen stellt, auf Kommentare antwortet und sogar Live-Q&A-Sitzungen veranstaltet. Dieses Maß an Engagement fördert ein Gemeinschaftsgefühl unter den Zuhörern und ermutigt sie, der Seite zu folgen und andere einzuladen, dasselbe zu tun.

Strategische Partnerschaften und Kooperationen

Kooperationen und Partnerschaften mit anderen Facebook-Seiten oder Influencern mit einem ähnlichen Publikum können deine Reichweite deutlich vergrößern. Durch gemeinsame Live-Sitzungen, Gastbeiträge oder gemeinsam veranstaltete Veranstaltungen können Sie ihre Follower-Basis anzapfen und Ihre Inhalte potenziellen neuen Followern vorstellen.

Stellen Sie sich vor, ein veganer Koch und ein Ernährungsberater tun sich zusammen, um eine Live-Kochsitzung auf ihren jeweiligen Facebook-Seiten zu veranstalten. Ihr kombiniertes Publikum verdoppelt nicht nur die Sichtbarkeit, sondern stellt jedem von ihnen auch potenzielle neue Follower vor.

Andere Social-Media-Plattformen

Zwitschern:

In der schnelllebigen, dynamischen Welt der sozialen Medien sticht Twitter mit seiner einzigartigen Mischung aus Kürze, Unmittelbarkeit und globaler Reichweite als einflussreiche Plattform hervor. Mit über 330 Millionen monatlich aktiven Nutzern weltweit ist Twitter eine Goldgrube voller Möglichkeiten für Einzelpersonen und Unternehmen, die ihre Online-Präsenz monetarisieren möchten. In diesem Kapitel werden wir tief in das Reich von Twitter eintauchen und die wirksamen Strategien aufdecken, um Ihre 280-Zeichen-Tweets in profitable Vermögenswerte zu verwandeln.

Im Kern ist Twitter eine Plattform für den Dialog – es geht darum, Teil einer Konversation zu sein. Genau wie bei einer Diskussion auf einer Dinnerparty geht es nicht immer darum, was Sie sagen, sondern wie Sie es sagen, zu wem Sie es sagen und wann. Um Ihre Twitter-Präsenz erfolgreich zu monetarisieren, ist es von größter Bedeutung, diese Feinheiten zu verstehen.

Lassen Sie uns zunächst das "Wie" enträtseln. Twitter ist eine Plattform der Kürze. Jeder Tweet ist ein Mikrokosmos Ihrer Botschaft, Ihrer Marke und Ihres Wertversprechens. Um Geld zu verdienen, müssen Sie in der Lage sein, Ihre Angebote innerhalb dieses prägnanten Rahmens überzeugend zu artikulieren. Stellen Sie sich das so vor, als würden Sie einen Elevator Pitch in einem einzigen Tweet erstellen. Ein Reiseblogger könnte zum Beispiel twittern: "Entdecken Sie versteckte Reisejuwelen in meinem neuesten Blogbeitrag, Ihren Pass zu ausgefallenen Abenteuern #TravelUncharted". Dieser

Tweet bewirbt kurz und bündig ihre Inhalte und lockt die Leser mit dem Versprechen einzigartiger Reiseerlebnisse.

Als nächstes kommt das "Wer". Ihre Follower sind Ihre potenziellen Kunden. Bauen Sie eine Follower-Basis auf, die zu Ihrer geschäftlichen oder persönlichen Marke passt. Ein gutes Beispiel dafür ist ein Fitnesstrainer, der Trainingstipps und gesunde Rezepte teilt. Ihre Follower-Basis würde hauptsächlich aus Fitness-Enthusiasten bestehen, die eine Zielgruppe für den Verkauf von Trainingsplänen oder die Werbung für Fitnessprodukte schaffen.

Das "Timing" Ihrer Tweets ist ein weiterer entscheidender Aspekt. Die Lebensdauer eines Tweets ist flüchtig, in der Regel etwa 18 Minuten. Es ist wichtig zu verstehen, wann Ihre Follower am aktivsten sind, um das Engagement zu maximieren. Tools wie Tweriod können Ihnen dabei helfen, die besten Zeiten zum Twittern für Ihre spezifische Zielgruppe zu ermitteln.

Lassen Sie uns nun auf spezifische Monetarisierungsstrategien eingehen:

- Gesponserte Tweets: Genau wie Facebook- und Instagram-Anzeigen bietet Twitter gesponserte Tweets an. Dies sind regelmäßige Tweets, die Sie bezahlen, um sie Benutzern anzuzeigen, die Ihnen noch nicht folgen. Zum Beispiel könnte ein Indie-Spieleentwickler gesponserte Tweets verwenden,

um potenzielle Spieler außerhalb seiner bestehenden Follower-Basis zu erreichen.
- Affiliate-Marketing: Dies beinhaltet die Werbung für ein Produkt oder eine Dienstleistung in Ihren Tweets und das Verdienen einer Provision für jeden Verkauf, der über Ihren Empfehlungslink getätigt wird. Zum Beispiel könnte ein Tech-Influencer eine Bewertung eines neuen Gadgets zusammen mit einem Affiliate-Link zum Kauf veröffentlichen.
- Gesponserte Tweets: Unternehmen sind bereit, dafür zu bezahlen, dass Influencer über ihre Produkte oder Dienstleistungen twittern. Ein Modeblogger könnte zum Beispiel dafür bezahlt werden, über eine neue Modelinie einer Marke zu twittern.
- Verkauf von Produkten oder Dienstleistungen: Wenn Sie ein Produkt oder eine Dienstleistung verkaufen möchten, kann Twitter eine effektive Plattform für Werbung sein. Ein Grafikdesigner könnte über seine Designdienstleistungen twittern, oder ein Autor könnte über sein neuestes Buch twittern.
- Traffic auf monetarisierte Plattformen lenken: Twitter kann auch verwendet werden, um Traffic auf Ihren monetarisierten Blog, YouTube-Kanal oder eine andere Plattform zu lenken. Ein Food-Blogger könnte ein verlockendes Foto eines Rezepts mit einem Link zu seinem Blog twittern, in dem er Inhalte monetarisiert hat.

Um die Kunst der Twitter-Monetarisierung zu beherrschen, müssen Sie die Dynamik der Plattform verstehen, mit Ihren Tweets kreativ sein und kontinuierlich mit Ihren Followern interagieren. Wie wir gesehen haben, gibt es viele Möglichkeiten. Jetzt liegt es an Ihnen, diese Tweets in Gewinne umzuwandeln!

LinkedIn:
LinkedIn, die weltweit führende professionelle Networking-Plattform, hat weltweit über 774 Millionen Mitglieder und bietet ein riesiges Potenzial für diejenigen, die Verbindungen in Gewinne verwandeln möchten. Diese Plattform ist mehr als nur ein virtueller Lebenslauf oder ein Rolodex beruflicher Kontakte; Es ist eine unerschlossene Goldmine für die Monetarisierung, und wir sind hier, um Sie auf diesem Weg zu begleiten.

Im Gegensatz zu anderen Social-Media-Plattformen wie Instagram oder Facebook wimmelt es bei LinkedIn nur so von Fachleuten, die nicht nur offen für Geschäftsmöglichkeiten sind, sondern auch aktiv nach Geschäftsmöglichkeiten suchen. Dies ist Ihre Zielgruppe, und sie ist bereit, sich zu engagieren. Hier erfahren Sie, wie Sie es tun können.

1. Die Macht des Content-Marketings

Content ist König, und LinkedIn ist sein perfektes Königreich. Diese Plattform ermöglicht es Ihnen, Artikel zu schreiben, Beiträge zu teilen und die Inhalte anderer zu kommentieren. Dies ist Ihre Gelegenheit, Ihr

Fachwissen unter Beweis zu stellen und sich Gehör zu verschaffen. Wenn Sie zum Beispiel ein Leadership-Coach sind, können Sie Artikel über effektive Führungsstrategien schreiben oder Ihre Erkenntnisse über die neuesten Führungstrends teilen. Wenn Ihre Inhalte in Ihrem Netzwerk Anklang finden, gewinnen Sie mehr Follower und erweitern Ihre Reichweite und Ihren potenziellen Kundenstamm.

2. LinkedIn Premium und Sales Navigator

Betrachten Sie die Premium-Funktionen von LinkedIn als Investition. LinkedIn Premium und Sales Navigator bieten leistungsstarke Tools, um potenzielle Leads zu identifizieren und direkt mit Entscheidungsträgern in Kontakt zu treten. Mit diesen Tools warten Sie nicht mehr auf Gelegenheiten. Sie suchen und erstellen sie proaktiv.

3. LinkedIn-Lernen

Wenn Sie über ein bestimmtes Fachwissen verfügen, bietet LinkedIn Learning eine Plattform zum Erstellen und Verkaufen von Online-Kursen. Diese Kurse ermöglichen es Ihnen, Ihr Wissen zu teilen und Autorität aufzubauen, während Sie gleichzeitig Einkommen generieren. Zum Beispiel könnte ein Experte für digitales Marketing einen Kurs über SEO-Strategien oder Social-Media-Werbung erstellen.

4. Beratung und Coaching

LinkedIn ist die perfekte Plattform für Fachleute, die Beratungs- oder Coaching-Dienstleistungen anbieten. Indem Sie ein starkes Profil aufbauen und sich aktiv an relevanten Gruppen beteiligen, können Sie Kunden gewinnen, die an Ihren Dienstleistungen interessiert sind. Ein Life Coach könnte zum Beispiel Erfahrungsberichte früherer Kunden teilen oder Artikel über persönliches Wachstum und Selbstverbesserung veröffentlichen.

5. Gesponserte Inhalte und Werbung

Die gesponserten Inhalte und Werbefunktionen von LinkedIn ermöglichen es Ihnen, ein breiteres Publikum außerhalb Ihres Netzwerks zu erreichen. Diese bezahlten Werbeaktionen können auf der Grundlage bestimmter Branchen, Berufsbezeichnungen oder geografischer Gebiete ausgerichtet werden, sodass Sie die Fachleute erreichen können, die am ehesten an Ihren Produkten oder Dienstleistungen interessiert sind.

6. Networking-Events und Webinare

Mit der Events-Funktion von LinkedIn können Sie virtuelle Networking-Events oder Webinare veranstalten, die als Plattform dienen können, um Ihr Fachwissen zu teilen, mit potenziellen Kunden in Kontakt zu treten und sogar für Ihre Produkte oder Dienstleistungen zu werben. Ein Finanzberater könnte zum Beispiel ein Webinar zur Altersvorsorge veranstalten.

Bei der Monetarisierung von LinkedIn geht es darum, den professionellen Fokus und die Tools der Plattform zu nutzen, um Möglichkeiten zu schaffen. Denken Sie daran, dass der Schlüssel zum Erfolg auf LinkedIn, wie bei jeder sozialen Plattform, Authentizität und Wert ist. Ihr Netzwerk ist eher bereit, sich mit Ihren Produkten oder Dienstleistungen zu beschäftigen (und dafür zu bezahlen), wenn es Sie als echten Experten wahrnimmt, der echte Lösungen für seine Bedürfnisse anbietet.

Wenn Sie sich auf den Weg zur Monetarisierung von LinkedIn machen, sollten Sie es mit der Einstellung angehen, echte berufliche Beziehungen aufzubauen. Mit Geduld, Konsequenz und strategischem Handeln könnte sich LinkedIn als Ihre bisher profitabelste Social-Media-Plattform erweisen. In der Welt des beruflichen Networkings und der Social-Media-Gewinne ist LinkedIn ein Game-Changer. Bist du bereit, dein Spiel zu ändern?

YouTube:
Willkommen in der lebendigen Welt von YouTube, einer Plattform, auf der Kreativität auf Kommerz trifft, auf der sich gewöhnliche Menschen in einflussreiche Persönlichkeiten verwandeln und große und kleine Unternehmen ein gefesseltes Publikum finden. Dieses Kapitel dient Ihnen als ultimativer Leitfaden, um die Fülle an Monetarisierungsmöglichkeiten, die YouTube bietet, zu verstehen und zu nutzen.

YouTube bietet mit seinen Milliarden von Aufrufen pro Tag einen fruchtbaren Boden für Verdienstmöglichkeiten und ist damit eine attraktive Plattform für die Monetarisierung. Das Schöne an YouTube liegt in seiner Vielfalt – von Make-up-Tutorials und Gaming-Streams bis hin zu Bildungsinhalten und Kurzfilmen ist Platz für alles und jeden. Und in diesem digitalen Universum gibt es unzählige Möglichkeiten, Ihre Leidenschaft zu monetarisieren.

Werbeeinnahmen: Der Grundbaustein

Werbeeinnahmen bilden den Eckpfeiler der YouTube-Monetarisierung. Sobald du dem YouTube-Partnerprogramm (YPP) beitrittst, kannst du mit Display-, Overlay- und Videoanzeigen Geld verdienen. Diese Anzeigen werden über Google AdSense geschaltet und bilden für viele YouTuber eine beständige Einnahmequelle.

Aber lassen Sie sich nicht von dem Begriff "einfach" täuschen. Werbeeinnahmen können eine bedeutende Einnahmequelle sein. Betrachten Sie zum Beispiel die Geschichte von Paul, einem Fitness-Enthusiasten, der anfing, seine Trainingsroutinen auf YouTube zu teilen. Mit der zunehmenden Popularität seines Kanals stiegen auch seine Werbeeinnahmen und erreichten einen Punkt, an dem sie sein tägliches Arbeitseinkommen ersetzten.

Gesponserte Videos: Die Macht von Partnerschaften

Neben den Werbeeinnahmen bieten gesponserte Videos eine weitere lukrative Möglichkeit. Marken arbeiten oft mit YouTubern zusammen, um ihre Produkte oder Dienstleistungen in einem Video zu präsentieren, und bieten im Gegenzug eine Zahlung an. Der Schlüssel dazu ist Authentizität und die Ausrichtung auf Ihre Marke. Wenn Sie ein Tech-Vlogger sind, würde sich ein Sponsoring von einem hochmodernen Elektronikunternehmen nahtlos in Ihre Inhalte einfügen.

Schauen wir uns das Beispiel von Sarah, einer Beauty-Vloggerin, an. Als sie anfing, war ihr Kanal ein Herzensprojekt. Als ihre Abonnentenzahl jedoch wuchs, bemerkten dies auch Kosmetikunternehmen. Sie erkannten den Wert von Sarahs authentischen und nachvollziehbaren Bewertungen und begannen, ihre Videos zu sponsern und ihre Leidenschaft in Gewinn umzuwandeln.

Kanalmitgliedschaften und Super-Chat

Aber die Monetarisierungsgeschichte auf YouTube endet nicht mit Werbeeinnahmen und gesponserten Videos. Die Plattform hat auch Funktionen wie Kanalmitgliedschaften und Super Chat eingeführt, die es den Erstellern ermöglichen, Einnahmen zu erzielen.

Kanalmitgliedschaften ermöglichen es Ihren Zuschauern, Ihre Arbeit durch eine monatliche Zahlung zu unterstützen. Im Gegenzug erhalten sie exklusive Vergünstigungen wie Abzeichen, Emojis und Zugang zu Videos nur für Mitglieder. Super Chat hingegen ist eine Funktion, mit der Zuschauer dafür bezahlen können, ihre

Kommentare während eines Live-Streams im Live-Chat anzuheften, wodurch ihre Nachrichten hervorstechen.

Merch-Regal: Verkaufen Sie, während Sie erzählen

Schließlich ermöglicht die Merch-Regal-Funktion berechtigten Kanälen, ihre offiziellen Waren direkt unter ihren Videos zu präsentieren und so Zuschauer zu Kunden zu machen. Stellen Sie sich einen angehenden Musiker vor, der sein Album verkauft, oder einen Fitness-Vlogger, der Trainingsgeräte direkt über seinen Kanal verkauft.

Zusammenfassend lässt sich sagen, dass YouTube eine Reihe von Monetarisierungsstrategien bietet, die die Plattform von einer einfachen Video-Sharing-Site in einen dynamischen Marktplatz verwandeln. Egal, ob Sie ein Hobbyist sind, der etwas zusätzliches Geld verdienen möchte, oder ein Unternehmer, der ein digitales Imperium aufbauen möchte, YouTube ist eine Plattform, auf der Träume wahr werden können und dies auch tun.

Denken Sie jedoch daran, dass diese Methoden zwar potenzielle Gewinne versprechen, aber auch Hingabe, Authentizität und ein klares Verständnis Ihres Publikums erfordern. Denken Sie auf dieser aufregenden Reise daran, dass Ihre Leidenschaft die treibende Kraft hinter Ihrem Erfolg ist. Schließlich ist der Inhalt auf YouTube König, und die Krone der Monetarisierung ist denjenigen vorbehalten, die ihr Königreich gut regieren.

TikTok:

Willkommen in der Welt von TikTok, einer Plattform, die in nur wenigen Jahren zu weltweiter Bekanntheit aufgestiegen ist. Mit einer Nutzerbasis, die weltweit mehr als 1 Milliarde aktive Nutzer hat, ist die Plattform ein lebendiges Ökosystem der Kreativität und des Engagements und, was für Sie noch wichtiger ist, ein fruchtbarer Boden für Monetarisierungsmöglichkeiten.

Im Gegensatz zu herkömmlichen Social-Media-Plattformen bietet TikTok eine einzigartige Reihe von Tools und Möglichkeiten, die, wenn sie richtig genutzt werden, zu erheblichen Gewinnen führen können. Es ist eine Plattform, auf der Kreativität König ist, und diejenigen, die ihren Rhythmus und Reim beherrschen, können sich mit einem Millionenpublikum wiederfinden, das sich engagieren möchte und bereit ist, diejenigen zu belohnen, die sie unterhalten und aufklären.

Das Herzstück der Monetarisierungsstrategie von TikTok ist der TikTok Creator Fund. Dieser Fonds ist ein Geldpool, der von TikTok selbst beiseite gelegt wird, um Ersteller für ihre Inhalte zu belohnen. Je mehr Aufrufe und Engagement Ihre Videos erhalten, desto mehr verdienen Sie mit dem Fonds. Es ist eine einfache und effektive Möglichkeit, mit Ihren Inhalten Geld zu verdienen.

Doch der TikTok Creator Fund ist erst der Anfang. Mit einem engagierten und engagierten Publikum wächst die Möglichkeit für Markenpartnerschaften und Sponsoring exponentiell. Marken sind immer auf der Suche nach Influencern mit einer einzigartigen Stimme und einer treuen Fangemeinde. TikTok ist mit seinem Schwerpunkt auf Kreativität und Authentizität die perfekte Plattform für diese Art von Partnerschaften.

Betrachten wir zum Beispiel den Fall von Charli D'Amelio, einem TikTok-Superstar. In weniger als einem Jahr gewann sie Millionen von Followern durch ihre unterhaltsamen Tanzroutinen. Diese riesige Fangemeinde zog namhafte Marken wie Dunkin' Donuts an, die sich mit ihr zusammentaten, um den "Charli" zu kreieren, ein spezielles Getränk, das für eine begrenzte Zeit erhältlich ist. Die Kampagne war ein großer Erfolg und bewies, dass strategische Markenpartnerschaften auf TikTok unglaublich lukrativ sein können.

Dann gibt es noch die Live-Geschenkfunktion, eine unterhaltsame und interaktive Möglichkeit für Fans, ihre Lieblingskünstler zu unterstützen. Während eines Live-Streams können die Zuschauer virtuelle Geschenke kaufen und versenden, die dann für den Ersteller in "Diamanten" umgewandelt werden, die ausgezahlt werden können. Es ist eine direkte und unmittelbare Möglichkeit für Creator, mit ihren Inhalten zu verdienen, und für Fans, ihre Wertschätzung zu zeigen.

Schließlich gibt es die Möglichkeit des Warenverkaufs. Mit einer engagierten Fangemeinde haben Sie ein vorgefertigtes Publikum für jedes Merchandise, das Sie produzieren möchten. Egal, ob es sich um Kleidung, Accessoires oder digitale Produkte handelt, Fans ergreifen oft die Chance, etwas Greifbares zu kaufen, das sie mit ihren Lieblingsschöpfern verbindet.

Der Erfolg auf TikTok ist keine exakte Wissenschaft, sondern eine Kunst. Es erfordert ein tiefes Verständnis der Trends der Plattform, die Fähigkeit, ansprechende Inhalte zu erstellen, und die Bereitschaft, mit Ihrem Publikum zu interagieren. Wenn Sie diese Elemente kombinieren, sind Sie auf dem besten Weg, die finanziellen Vorteile zu nutzen, die TikTok bieten kann.

Zusammenfassend lässt sich sagen, dass TikTok, obwohl es ein neuer Akteur in der Social-Media-Szene ist, eine schnell wachsende Plattform ist, die eine Fülle von Monetarisierungsmöglichkeiten bietet. Indem Sie seine einzigartigen Funktionen verstehen und sie effektiv nutzen, können Sie Ihre kreativen Bemühungen in ein profitables Unternehmen verwandeln. Denken Sie daran, TikTok ist mehr als nur eine Plattform; Es ist eine Gemeinschaft. Engagieren Sie sich, unterhalten Sie und genießen Sie vor allem die Reise. Viel Spaß beim TikToken!

Zukünftige Plattformen, die man im Auge behalten sollte

Während wir die digitale Landschaft durchqueren, verschieben sich die tektonischen Platten der sozialen Medien ständig und schaffen neue Höhen und Tiefen von Möglichkeiten. Unsere Reise in "Profit from Socials" hat sich hauptsächlich auf Titanen wie Instagram und Facebook konzentriert, aber um wirklich ein Meister der

Monetarisierung zu sein, ist es entscheidend, den Horizont im Auge zu behalten. Wir müssen antizipieren, woher die nächste Welle des Nutzerengagements und der Einnahmen kommen wird. In diesem Kapitel werden wir die aufstrebenden Social-Media-Plattformen untersuchen, die die Zukunft prägen, und ihr Potenzial für die Monetarisierung diskutieren.

Eine solche Plattform, die viel Aufsehen erregt hat, ist "Byte". Byte wird als spiritueller Nachfolger von Vine angepriesen und ist eine Kurzvideoplattform, die sich inmitten einer von TikTok dominierten Landschaft eine eigene Nische geschaffen hat. Die Nutzer werden von der kreativen Freiheit und der gemeinschaftsorientierten Umgebung angezogen. Die Monetarisierung auf Byte nimmt gerade erst Gestalt an, wobei die Plattform Partnerprogramme testet, die es Erstellern ermöglichen, mit ihren Inhalten Geld zu verdienen. Es ist eine lebendige Plattform, die es wert ist, für diejenigen erkundet zu werden, die sich für kurze Videoinhalte interessieren.

Eine weitere Plattform, die man im Auge behalten sollte, ist "Clubhouse". Dieses audiobasierte soziale Netzwerk hat in der Tech-Welt für seinen einzigartigen Ansatz bei Inhalten Wellen geschlagen. Betrachten Sie es als eine Reihe von fortlaufenden Podcasts, bei denen Sie auch ein Redner sein können. Die Möglichkeiten der Monetarisierung sind hier spannend. Sie können Ihre eigenen Räume veranstalten und Eintrittsgelder verlangen, bezahlte Shout-Outs anbieten oder sogar Sponsoren für Ihre Räume finden. Die Plattform steckt noch in den Kinderschuhen, aber mit Early Adopters wie Elon Musk und Mark Zuckerberg hat Clubhouse Potenzial.

"Vero" ist eine werbefreie Plattform, die stolz darauf ist, "sozialer" und weniger "medial" zu sein. Mit seinem abonnementbasierten Modell ist es Vero gelungen, einen Raum frei von Algorithmen zu schaffen, in dem chronologische Feeds regieren. Während die Plattform noch Fuß fassen muss, könnte ihr einzigartiger Ansatz für soziale Netzwerke sie zu einem fruchtbaren Boden für Influencer und Schöpfer machen, die eine echte Verbindung zu ihrem Publikum suchen.

"Reels" ist Instagrams Antwort auf TikTok und ermöglicht es Nutzern, 15-sekündige Videoclips mit Musik zu erstellen und zu teilen. Obwohl es ein Teil von Instagram ist, hat Reels seinen eigenen separaten Bereich innerhalb der Plattform, und seine Popularität steigt. Für diejenigen, die bereits mit den Monetarisierungsstrategien von Instagram vertraut sind, bietet Reels eine neue Möglichkeit, Follower zu binden und Sponsoring-Deals anzuziehen.

"Discord" ist eine weitere Plattform, die es wert ist, diskutiert zu werden. Ursprünglich ein Zufluchtsort für Gamer, hat es sich zu einer Community-Building-Plattform entwickelt, auf der Benutzer ihre eigenen Server zu bestimmten Themen erstellen können. Monetarisierungsstrategien können hier die Erstellung von Premium-Servern oder Kanälen innerhalb eines

Servers umfassen, für die eine Mitgliedsgebühr erforderlich ist.

Zu guter Letzt haben wir noch "Koffein". Caffeine ist eine Live-Streaming-Plattform, die sich auf Spiele, Unterhaltung und kreative Künste konzentriert und ein interaktiveres und sozialeres Erlebnis bietet. Mit seinem Monetarisierungsmodell können Creator digitale Artikel von Zuschauern erhalten, die ausgezahlt werden können.

Wie Sie sehen können, ist die Welt der sozialen Medien riesig und entwickelt sich ständig weiter. Diese Plattformen bieten neue Möglichkeiten, Zielgruppen zu erreichen und Inhalte zu monetarisieren. Sie erinnern uns daran, anpassungsfähig und neugierig zu bleiben und immer bereit zu sein, auf der nächsten Welle der Social-Media-Innovation zu reiten. Denn die Zukunft steht vor der Tür.

Optimieren Sie Ihre Social-Media-Strategien

Nutzung von Analysen

Im heutigen digitalen Zeitalter ist die Macht der Daten unbestreitbar, und die Rolle der Analytik bei der Förderung des Unternehmenswachstums ist entscheidend. Im Bereich der sozialen Medien gilt diese Tatsache umso mehr. Es ist der Kompass, der Ihren Weg zur Rentabilität weist. Wie genau können wir also Social-Media-Analysen nutzen, um Wachstum und Rentabilität zu steigern? Tauchen wir ein.

Stellen Sie sich vor, Sie setzen die Segel zu einer großen Reise. Ihr Ziel: Das Land der Rentabilität. Ihr Kompass: Social Media Analytics. Dieser Kompass wird jede Ihrer Bewegungen leiten, Ihnen helfen, durch den riesigen Ozean der sozialen Medien zu navigieren, Sie von Gefahren fernzuhalten und Sie zu den lohnendsten Pfaden zu führen. So wie ein Kompass Magnetfelder verwendet, um die Richtung anzuzeigen, verwendet Social Media Analytics Daten, um wertvolle Erkenntnisse über Ihre Zielgruppe, Inhalte und Strategien zu gewinnen.

Der erste Schlüssel besteht darin, Ihre Zielgruppe zu verstehen. Wer sind die? Woher kommen sie? Was mögen sie? Social-Media-Plattformen bieten eine Fülle von Daten über Ihre Follower, einschließlich ihrer Demografie, Interessen und ihres Online-Verhaltens. Instagram Insights liefert beispielsweise wertvolle Informationen über die aktivsten Zeiten Ihren Follower und hilft Ihnen, Beiträge für ein optimales Engagement zu planen.

Betrachten Sie den Fall einer in Kalifornien ansässigen Fitnesstrainerin, die diese Erkenntnisse nutzt, um ihre Inhalte anzupassen. Sie bemerkt, dass ihre Follower abends am aktivsten sind, vermutlich nach einem langen Arbeitstag. Mit diesem Wissen ausgestattet, plant sie ihre Motivationsbeiträge und Trainingsvideos um diese Zeit herum, was zu mehr Engagement und Lead-Generierung führt.

Als nächstes haben wir die Inhaltsanalyse. Welche Beiträge haben die meisten Likes, Kommentare und Shares erhalten? Sind die Aufrufe für ein bestimmtes Video in die Höhe geschnellt? Vielleicht hat eine bestimmte Art von Inhalten zu einem Zustrom neuer Follower geführt? Durch die Analyse dieser Daten können Sie Ihre Content-Strategie verfeinern, um das Engagement und die Conversions zu maximieren.

Erinnern Sie sich noch an unseren Fitnesstrainer? Sie stellt fest, dass ihre Workout-Videos mehr Engagement erhalten als ihre Ernährungstipps. Folglich beschließt sie, mehr Trainingsvideos zu veröffentlichen und dabei Ernährungsratschläge einzubauen. Diese Anpassung führt zu einem Anstieg ihres Followers und folglich zu mehr Kunden für ihr Online-Fitnessprogramm.

Schließlich liefern Social-Media-Analysen unschätzbare Erkenntnisse für die Strategiebewertung. Es bietet ein klares Bild davon, was funktioniert und was nicht, und ermöglicht es Ihnen, Ihre Segel nach Bedarf anzupassen. Sie können die Leistung Ihrer Kampagnen verfolgen, Ihre Wachstumsrate überwachen und sogar Ihre Leistung im Vergleich zu Mitbewerbern bewerten.

Zum Beispiel startet unsere Fitnesstrainerin eine neue Kampagne, die eine kostenlose Testversion ihres Online-Programms anbietet. Durch die Überwachung der Kampagnenleistung identifiziert sie einen signifikanten Anstieg des Website-Traffics und der Conversions und validiert die Effektivität der Kampagne.

Zusammenfassend lässt sich sagen, dass Social Media Analytics Ihr Leitstern auf der Suche nach Rentabilität ist. Es beleuchtet den Weg, indem es Einblicke in Ihr Publikum bietet, Ihre Inhaltserstellung leitet und Ihre Gesamtstrategie steuert. Denken Sie daran, dass die Macht der Daten mächtiger ist als das Schwert. Setzen Sie es klug ein, und Sie werden einen klaren Kurs in Richtung Land der Rentabilität einschlagen.

Um es mit den Worten des renommierten Geschäftsstrategen Peter Drucker zu sagen: "Was gemessen wird, wird gemanagt." Beginnen Sie also mit der Messung, beginnen Sie mit dem Management und lassen Sie die Reise zu Wachstum und Rentabilität beginnen!

A/B-Tests für den Erfolg:
Stell dir vor, du bist Maler. Sie haben zwei Farben auf Ihrer Palette, sind sich aber nicht sicher, welche Ihr Kunstwerk zum Leben erweckt. Was machst du? Sie würden wahrscheinlich beide auf einem kleinen Teil Ihrer Leinwand testen, um zu sehen, was am besten funktioniert. Das ist es, worum es bei A/B-Tests geht, aber in der pulsierenden Welt der sozialen Medien. Es ist ein wissenschaftlicher Marketingansatz, der es Ihnen ermöglicht, datengesteuerte Entscheidungen zu treffen, die Ihre Social-Media-Strategien zu neuen Höhen katapultieren können.

A/B-Tests, auch bekannt als Split-Tests, sind ein Marketing-Experiment, bei dem Sie zwei Versionen einer einzelnen Variablen vergleichen, um zu sehen, welche besser abschneidet. Es ist wie ein digitales Tauziehen. Zwei Beiträge treten gegeneinander an, und derjenige, der das meiste Engagement, die meisten Klicks oder Conversions erzielt, nimmt die Trophäe mit nach Hause.

Das Schöne an A/B-Tests ist, dass sie das Rätselraten eliminieren. Anstatt Annahmen darüber zu treffen, was Ihrem Publikum gefällt, können Sie echte Daten verwenden, um Ihre Entscheidungen zu treffen. Es ist, als hätte man eine Kristallkugel, die Ihnen genau sagt, was Ihr Publikum sehen, lesen und womit es sich beschäftigen möchte.

Nehmen wir ein praktisches Beispiel. Angenommen, Sie sind ein Fitnesstrainer und nutzen Instagram, um für Ihre Online-Coaching-Sitzungen zu werben. Sie haben zwei Bildunterschriften für Ihren nächsten Beitrag im Kopf: eine, die formell und informativ ist, und eine andere, die locker und humorvoll ist. Welches wird bei Ihrem Publikum mehr Anklang finden? A/B-Tests sind Ihre Antwort. Indem Sie beides posten und das Engagement messen, können Sie den Stil bestimmen, den Ihr Publikum bevorzugt, und dann Ihre zukünftigen Beiträge entsprechend anpassen.

Das Starten eines A/B-Tests ist einfach. Identifizieren Sie zunächst die Variable, die Sie testen möchten. Dies kann alles sein, von der Farbe eines "Jetzt kaufen"-Buttons bis hin zur Tageszeit, zu der Sie posten. Erstellen Sie dann zwei verschiedene Versionen (A und B) und teilen Sie Ihr Publikum nach dem Zufallsprinzip in zwei Gruppen auf. Jede Gruppe sieht eine andere Version, und Sie messen, welche besser abschneidet, basierend auf Ihren vordefinierten Metriken wie "Gefällt mir"-Angaben, Shares oder Conversions.

Der Schlüssel zu erfolgreichen A/B-Tests besteht jedoch darin, jeweils nur eine Variable zu testen. Wenn Sie mehrere Elemente zwischen Version A und B ändern, wissen Sie nicht, welche Änderung zu den unterschiedlichen Ergebnissen geführt hat. Es ist, als würde man einem Rezept Salz und Pfeffer auf einmal hinzufügen - Sie werden nicht wissen, welches Gewürz das Gericht würziger gemacht hat.

In der sich ständig verändernden Welt der sozialen Medien sind A/B-Tests ein Kompass, der Ihre Strategien in die richtige Richtung lenken kann. Die Erkenntnisse, die Sie aus diesen Tests gewinnen, können dazu beitragen, Ihre Inhalte zu verfeinern, das Engagement zu verbessern und die Conversions zu steigern. Und je mehr Sie testen, desto mehr erfahren Sie über die Vorlieben Ihres Publikums, sodass Sie Inhalte erstellen können, die es auf einer tieferen Ebene ansprechen.

Denken Sie schließlich daran, dass A/B-Tests ein kontinuierlicher Prozess sind. Wenn Ihr Publikum wächst und sich weiterentwickelt, können sich auch seine Vorlieben ändern. Daher sind konsistente Tests von entscheidender Bedeutung, um der Zeit voraus zu sein und Ihre Inhalte frisch und ansprechend zu halten.

Zusammenfassend lässt sich sagen, dass A/B-Tests wie eine Geheimwaffe für den Erfolg in den sozialen Medien sind. Es gibt Ihnen Daten und Erkenntnisse, um fundierte Entscheidungen zu treffen und Ihre Inhalte an die sich entwickelnden Vorlieben Ihres Publikums anzupassen. Nehmen Sie also Ihren digitalen Pinsel in die Hand und beginnen Sie, mit den Farben Ihrer Social-Media-Leinwand zu experimentieren. Das Meisterwerk, das Sie schaffen, könnte genau das sein, worauf Ihr Publikum gewartet hat.

Social-Media-Algorithmen:
Wenn Sie durch die fesselnde Welt der sozialen Medien navigieren, sind die Algorithmen eines der rätselhaftesten, aber wichtigsten Elemente, auf die Sie stoßen werden. Diese unsichtbaren Strippenzieher ziehen hinter den Kulissen die Fäden, prägen unsere digitalen Erlebnisse und beeinflussen den Erfolg unserer Online-Bemühungen. Sie mögen beeindruckend erscheinen, aber mit dem richtigen Wissen können sie Ihre größten Verbündeten auf Ihrem Weg zur Rentabilität der sozialen Medien sein. Lassen Sie uns also den Code aufschlüsseln, diese Algorithmen verstehen und lernen, wie wir sie für mehr Reichweite und Engagement nutzen können.

Lassen Sie uns zunächst entmystifizieren, was ein "Social-Media-Algorithmus" ist. Einfach ausgedrückt handelt es sich um eine Reihe von Regeln oder Protokollen, die Social-Media-Plattformen verwenden, um zu bestimmen, welche Inhalte den Nutzern in welcher Reihenfolge angezeigt werden sollen. "Gefällt mir", "Teilen", "Kommentieren" und "Klicken" sind Datenpunkte, die diese Algorithmen verwenden, um mehr über die Vorlieben der Nutzer zu erfahren und ihre Feeds entsprechend anzupassen. Dieses sich ständig weiterentwickelnde Computersystem wurde entwickelt, um die Benutzer so lange wie möglich auf der Plattform zu halten.

Stellen Sie sich folgendes Szenario vor: Emily, eine Instagram-Nutzerin, beschäftigt sich ständig mit Beiträgen über Modetrends und Beauty-Tipps. Der Algorithmus von Instagram, der dieses Muster erkennt, wird ihren Feed mit mehr Mode- und Beauty-Inhalten füllen. Dies ist der Algorithmus, der daran arbeitet, Emilys Erfahrung zu personalisieren, sie zu beschäftigen und für mehr zurückzukommen.

Lassen Sie uns nun untersuchen, wie diese Algorithmen auf zwei der beliebtesten Plattformen, Instagram und Facebook, funktionieren und wie wir unsere Strategien entsprechend optimieren können.

Auf Instagram beeinflussen Faktoren wie Interesse, Aktualität, Beziehung, Häufigkeit, Follower und Nutzung den Algorithmus erheblich. Beispielsweise werden Beiträge von Konten, mit denen ein Benutzer regelmäßig interagiert (liken, kommentieren oder ihre Inhalte teilen), vorrangig behandelt. Ebenso werden aktuelle Beiträge älteren vorgezogen. Wenn Sie Ihre Reichweite auf Instagram maximieren möchten, ist es wichtig, Inhalte zu erstellen, die zur Interaktion anregen, und diese zu posten, wenn Ihr Publikum am aktivsten ist.

Facebook hingegen priorisiert Inhalte, die zu sinnvollen Interaktionen anregen. Zum Beispiel erhalten Live-Videos im Durchschnitt sechsmal so viele Interaktionen wie normale Videos. Dies deutet darauf hin, dass die Erstellung ansprechender, interaktiver Inhalte wie Live-Fragen und -Antworten, Webinare oder Videos hinter den Kulissen Ihre Sichtbarkeit auf Facebook erheblich steigern kann.

Um diese Algorithmen zu verstehen, geht es nicht nur darum, das System zu spielen. Es geht darum, eine sinnvolle Verbindung zu Ihrem Publikum herzustellen. Wenn Sie qualitativ hochwertige Inhalte erstellen, die bei Ihren Followern Anklang finden, reagiert der Algorithmus positiv.

Betrachten Sie die Erfolgsgeschichte von GourmetBakes, einer Bäckerei für zu Hause. Indem sie fesselnde Geschichten über ihren Backprozess teilten, auf Kommentare reagierten und regelmäßig zu Zeiten posteten, in denen ihre Follower am aktivsten waren, konnten sie ihre Reichweite und ihr Engagement erheblich steigern. Der Algorithmus erkannte das hohe Maß an Interaktion und pushte ihre Beiträge in noch mehr Feeds, was zu einem erheblichen Anstieg der Bestellungen führte.

Denken Sie daran, dass Social-Media-Algorithmen nicht statisch sind. Sie verändern sich ständig und entwickeln sich weiter. Plattformen wie Instagram und Facebook aktualisieren regelmäßig ihre Algorithmen, um die Benutzererfahrung zu verbessern. Daher ist es wichtig, über diese Veränderungen auf dem Laufenden zu bleiben und Ihre Strategien entsprechend anzupassen, um Ihre Online-Präsenz aufrechtzuerhalten und zu verbessern.

Zusammenfassend lässt sich sagen, dass das Verständnis von Social-Media-Algorithmen und die effektive Nutzung dieses Wissens dem Erlernen einer neuen Sprache sehr ähnlich sind. Es mag auf den ersten Blick entmutigend erscheinen, aber sobald Sie den Code geknackt haben, liegt Ihnen die Welt zu Füßen. Indem Sie Ihre Content- und Engagement-Strategien so anpassen, dass sie mit und nicht gegen diese Algorithmen arbeiten, können Sie Ihre Reichweite erheblich erhöhen, Ihr Engagement steigern und letztendlich die Rentabilität auf Ihren Social-Media-Plattformen steigern.

Denken Sie daran, dass die Algorithmen Ihre Partner auf diesem Weg sind. Nehmen Sie ihre Komplexität an, lernen Sie ihre Sprache und lassen Sie sich von ihnen zum Erfolg in den sozialen Medien führen. Viel Spaß beim Navigieren durch den Algorithmus!

Verwalten mehrerer Plattformen:

In diesem digitalen Zeitalter geht es nicht nur darum, eine einzige Plattform zu beherrschen, um einen signifikanten Einfluss auf die sozialen Medien zu nehmen. Es geht darum, die Kraft mehrerer Kanäle zu nutzen und sie harmonisch zu orchestrieren. In diesem Kapitel führen wir Sie durch das Labyrinth der effizienten Verwaltung mehrerer Plattformen, um sicherzustellen, dass Ihre Markenbotschaft in der gesamten digitalen Landschaft konsistent ankommt.

Die Idee, mehrere Plattformen zu verwalten, mag zunächst entmutigend klingen, vor allem, wenn jede ihren eigenen Rhythmus, ihr eigenes Publikum und ihre eigene Sprache hat. Die Vorteile sind jedoch immens. Sie können mit einem breiteren Publikum in Kontakt treten, Ihre Inhalte diversifizieren und die Stärken jeder Plattform nutzen. Die Kunst besteht darin, Strategien effektiv und nahtlos zu koordinieren.

Beginnen Sie damit, die einzelnen Plattformen zu verstehen. Instagram ist mit seiner visuellen Anziehungskraft ideal, um den Lifestyle-Aspekt Ihrer Marke zu teilen. Facebook eignet sich mit seinen Community-bildenden Funktionen hervorragend für die Pflege von Beziehungen und den Kundenservice. Twitter ist mit seiner schnelllebigen Natur perfekt, um Neuigkeiten und Updates zu teilen. LinkedIn ist der Ort, um professionelle Netzwerke aufzubauen, während TikTok und YouTube die Hotspots für kreative, ansprechende Videoinhalte sind. Jede Plattform spielt eine eigene Rolle in Ihrer Social-Media-Symphonie.

Betrachten wir eine Fallstudie: Stellen Sie sich vor, Sie betreiben eine Fitnessmarke. Auf Instagram postest du ästhetische Trainingsfotos und kurze Übungsclips. Facebook würde Ihre Community-Gruppen und Live-Q&A-Sitzungen hosten. Twitter kündigte neue Produkteinführungen an und retweetete Kundenreferenzen. LinkedIn würde Branchenartikel und geschäftliche Erfolge teilen. YouTube würde Ihre Workout-Videos in voller Länge und Inhalte hinter den Kulissen hosten.

Tools für die Inhaltsplanung und -planung sind Ihre besten Freunde, wenn Sie mehrere Plattformen verwalten. Tools wie Buffer, Hootsuite oder Sprout Social ermöglichen es Ihnen, Inhalte über ein einziges Dashboard hinweg zu planen, zu terminieren und auf verschiedenen Plattformen zu veröffentlichen. Diese Tools bieten auch Analysen, die Ihnen helfen zu verstehen, welche Inhalte auf welcher Plattform am besten funktionieren.

Ein weiterer wichtiger Aspekt ist die Cross-Promotion. Informieren Sie Ihre Follower auf einer Plattform über die einzigartigen Inhalte, die Sie auf einer anderen Plattform teilen. Necken Sie zum Beispiel einen Teil eines YouTube-Videos auf Instagram und laden Sie Ihre Follower ein, sich das vollständige Video auf YouTube anzusehen. Teilen Sie in ähnlicher Weise Ausschnitte Ihrer LinkedIn-Artikel auf Twitter und laden Sie Ihren Follower ein, den vollständigen Artikel auf LinkedIn zu lesen.

Denken Sie jedoch daran, dass jede Plattform ihre eigene Sprache hat. Was auf Instagram funktioniert, funktioniert möglicherweise nicht auf LinkedIn. Die Wiederverwendung von Inhalten für verschiedene Plattformen ist von entscheidender Bedeutung. Es bedeutet, die Sprache, das Format und den Stil an die Natur der Plattform anzupassen und gleichzeitig die Kernbotschaft gleich zu halten.

Konsistenz ist ein weiterer wichtiger Faktor. Ihre Markenstimme und -ästhetik sollten plattformübergreifend konsistent bleiben. Diese Konsistenz trägt dazu bei, die Markenbekanntheit und das Vertrauen zu stärken. Stellen Sie jedoch sicher, dass die Inhalte für jede Plattform aktuell und einzigartig bleiben, um das Interesse des Publikums aufrechtzuerhalten.

Engagement ist der Treibstoff, der die sozialen Medien antreibt. Stellen Sie sicher, dass Sie nicht nur Nachrichten senden, sondern auch mit Ihrem Publikum interagieren. Reagieren Sie auf Kommentare, beteiligen Sie sich an Diskussionen und erkennen Sie nutzergenerierte Inhalte an. Dieses Engagement trägt dazu bei, Beziehungen aufzubauen und das Gemeinschaftsgefühl zu fördern.

Zusammenfassend lässt sich sagen, dass die Verwaltung mehrerer Plattformen wie das Dirigieren eines Orchesters erscheinen mag, wobei jede Plattform ein anderes Instrument spielt. Es erfordert das Verständnis jeder Plattform, die effektive Koordination von Strategien, die Verwendung der richtigen Tools und die Aufrechterhaltung eines konsistenten Engagements. Aber sobald Sie die richtigen Töne getroffen haben, kann die Musik, die Sie kreieren, wirklich faszinierend sein, ein Publikum weit und breit erreichen und in der riesigen digitalen Landschaft Anklang finden.

Rechtliche und ethische Überlegungen

Grundlegendes zur Offenlegung von Anzeigen:
Im heutigen digitalen Zeitalter haben Social-Media-Plattformen wie Instagram und Facebook nicht nur die Art und Weise verändert, wie wir kommunizieren, sondern auch die Art und Weise, wie wir Geschäfte machen. Da wir uns über diese Plattformen in den Bereich der Monetarisierung wagen, ist es wichtig, die Bedeutung der Offenlegung von Anzeigen zu verstehen. In diesem Kapitel erhalten Sie einen umfassenden Leitfaden zu den rechtlichen Anforderungen an die Offenlegung von Anzeigen in sozialen Medien.

Wenn es um Werbung in sozialen Medien geht, sind die Richtlinien der Federal Trade Commission (FTC) zur Offenlegung von Anzeigen ein wesentlicher Aspekt. Es geht nicht nur um clevere Marketingstrategien; Es geht auch um Transparenz und ethisches Verhalten. Die Offenlegung von Anzeigen ist nicht nur eine gute Praxis. Es ist gesetzlich vorgeschrieben, und die Nichteinhaltung kann zu hohen Geldstrafen und Reputationsschäden führen.

Aber was genau ist die Offenlegung von Anzeigen? Im Wesentlichen geht es darum, Ihrem Publikum klar zu machen, wann es sich bei einem Beitrag um eine bezahlte Werbeaktion oder Werbung handelt. Dies trägt dazu bei, die Transparenz gegenüber Ihren Followern zu wahren und sie vor irreführenden Inhalten zu schützen.

Die FTC-Richtlinien legen fest, dass jede "wesentliche Verbindung" zwischen einem Werbetreibenden und einem Endorser offengelegt werden muss. Dazu gehören alle Beziehungen, die die Glaubwürdigkeit der Empfehlung beeinträchtigen könnten, wie z. B. eine geschäftliche oder familiäre Beziehung, eine Geldzahlung oder das Geschenk eines kostenlosen Produkts.

Nehmen wir ein Beispiel aus dem wirklichen Leben. Stellen Sie sich vor, Sie sind ein Mode-Influencer auf Instagram, der von einer Marke ein neues Paar Schuhe geschenkt bekommen hat. Wenn Sie sich entscheiden, über diese Schuhe zu posten, müssen Sie angeben, dass Sie sie kostenlos erhalten haben. Dies kann so einfach sein wie das Einfügen eines Hashtags wie "#gifted" oder "#ad" in Ihren Beitrag.

Es reicht jedoch nicht aus, nur ein Hashtag irgendwo in Ihren Beitrag einzufügen. Die FTC-Richtlinien besagen, dass die Offenlegungen "klar und auffällig" sein müssen. Das bedeutet, dass sie in der Nähe der Behauptungen platziert werden sollten, auf die sie sich beziehen, und dass sie auffällig, leicht verständlich und nicht in einem Meer von Hashtags versteckt sein sollten.

Facebook ist eine andere Plattform und hat seine eigenen Nuancen, wenn es um die Offenlegung von Anzeigen geht. Wenn Sie beispielsweise einen gesponserten Beitrag oder eine Anzeige schalten, verlangt Facebook von Ihnen, dass Sie sein Branded Content Tool verwenden, das Ihrem Beitrag automatisch das Label "Bezahlte Partnerschaft" hinzufügt.

Denken Sie daran, dass nicht alle Plattformen gleich sind und die Offenlegungsanforderungen variieren können. Es ist wichtig, dass Sie sich mit den spezifischen Richtlinien jeder Plattform, die Sie verwenden, vertraut machen.

Zusätzlich zu diesen gesetzlichen Anforderungen hat die Offenlegung von Anzeigen auch das Potenzial, Vertrauen bei Ihrer Zielgruppe aufzubauen. Transparenz in der Werbung kann zu einer besseren Einbindung des Publikums führen, und Ihr Follower werden Ihre Ehrlichkeit zu schätzen wissen.

Zusammenfassend lässt sich sagen, dass das Verständnis und die Einhaltung der Anforderungen an die Offenlegung von Anzeigen bei der Monetarisierung Ihrer Social-Media-Präsenz von entscheidender Bedeutung sind. Es stellt sicher, dass Sie sich an die Gesetze halten, Ihre Glaubwürdigkeit bei Ihrem Publikum wahren und letztendlich zu einer ethischeren und vertrauenswürdigeren digitalen Marketinglandschaft beitragen.

Denken Sie daran, dass die Welt der Anzeigenoffenlegung zwar auf den ersten Blick überwältigend erscheinen mag, aber mit ein wenig Recherche und Wachsamkeit können Sie sich erfolgreich darin zurechtfinden. Bleiben Sie klar, bleiben Sie auffällig und bleiben Sie konform. Auf Ihrem Weg zu Profit from Socials auf Instagram und Facebook geht es nicht nur darum, Geld zu verdienen – es geht darum, es richtig zu machen.

Wenn Sie sich also auf diese Reise begeben, denken Sie an dieses Mantra: Bei der Offenlegung geht es nicht nur um Legalität; Es geht um Ehrlichkeit und den Aufbau von Vertrauen bei Ihrem Publikum. Denn in der Welt der sozialen Medien ist Authentizität König.

Ethische Werbung:
In den belebten Straßen der sozialen Medien, in denen Likes, Shares und Kommentare die Währung sind, hat die Kunst der Werbung eine Revolution erlebt. Soziale Plattformen wie Instagram und Facebook sind die neuen Marktplätze, und ethische Werbung ist der Kompass, der diese neue Ära des digitalen Handels leitet. In diesem Abschnitt untersuchen wir die Nuancen ethischer Werbung in sozialen Medien und beleuchten die Prinzipien, die Ihr Unternehmen auf Integrität basieren und gleichzeitig neue Höhen der Rentabilität erreichen.

Im Kern ist ethische Werbung die Praxis der Ehrlichkeit und Transparenz bei Werbeaktivitäten. Sie hält die Prinzipien des Respekts, der Fairness und der Verantwortung hoch. Betrachten Sie es als die goldene Regel der Werbung: Behandeln Sie Ihr Publikum so, wie Sie selbst behandelt werden möchten. Klingt einfach, oder? Die Anwendung dieser Prinzipien auf den dynamischen und schnelllebigen Plattformen der sozialen Medien kann jedoch schwierig sein.

Nehmen wir zum Beispiel Instagram. Die Foto-Sharing-Plattform ist eine Fundgrube für Lifestyle-Blogger, Fitness-Gurus und Hobbyköche. Hier kommt ethische Werbung ins Spiel. Nehmen wir an, ein Fitness-Influencer wirbt für ein neues Nahrungsergänzungsmittel zur Gewichtsabnahme. Ethische Werbung erfordert, dass der Influencer wirklich an die Wirksamkeit und Sicherheit des Produkts glaubt. Das bedeutet, dass sie das Produkt ausprobiert haben, mit den Ergebnissen zufrieden sind und ihre Erfahrungen transparent machen. Das Verschweigen von Nebenwirkungen, falls vorhanden, oder das Übertreiben von Ergebnissen wäre ein Verstoß gegen ethische Werbung.

Sollte der Influencer außerdem eine Zahlung oder kostenlose Produkte vom Unternehmen erhalten, erfordert ethische Werbung eine klare Offenlegung dieser Partnerschaft. Es geht nicht nur darum, den Followern gegenüber ehrlich zu sein; In vielen Gerichtsbarkeiten ist dies auch gesetzlich vorgeschrieben.

Wechseln Sie zu Facebook, einer Plattform, auf der es von Unternehmen jeder Größe nur so wimmelt. Hier bekommt ethische Werbung eine weitere Dimension: den Respekt vor Nutzerdaten. Mit der jüngsten Betonung des Datenschutzes haben Unternehmen die Verantwortung, Zielgruppendaten ethisch für das Anzeigen-Targeting zu verwenden. Dies bedeutet, die Zustimmung der Nutzer zu respektieren und sich nicht an invasiven oder manipulativen Praktiken zu beteiligen. So würde beispielsweise die Verwendung von Daten zur Ausbeutung gefährdeter Gruppen oder zur Förderung schädlicher Produkte als unethisch angesehen.

Ethische Werbung bedeutet auch, "Clickbait"-Taktiken zu vermeiden. Dabei handelt es sich um reißerische Überschriften oder irreführende Inhalte, die Klicks anziehen sollen, aber dem Nutzer wenig Wert bieten. Es mag kurzfristig den Traffic erhöhen, aber es untergräbt das Vertrauen und trübt auf lange Sicht den Ruf Ihrer Marke.

Schließlich wirbt ethische Werbung für Produkte und Dienstleistungen, die den Kunden einen echten Mehrwert bieten. Der Maßstab für den Erfolg einer Werbung sollte nicht nur der Umsatz sein, den sie generiert, sondern auch die Zufriedenheit und der Nutzen, den sie den Kunden bringt.

Warum sollten Sie sich also für ethische Werbung interessieren? Abgesehen davon, dass es das Vertrauen und die Loyalität Ihres Publikums fördert, hebt es Sie auch im überfüllten Social-Media-Bereich ab. In einem Meer von Unternehmen, die um Aufmerksamkeit wetteifern, stechen diejenigen hervor, die auf Integrität und Transparenz basieren. Darüber hinaus bringt ethische Werbung Ihr Unternehmen mit breiteren gesellschaftlichen Werten in Einklang und trägt zu einem gesünderen Ökosystem für digitale Werbung bei.

Das Navigieren in den unruhigen Gewässern der sozialen Medien kann entmutigend sein, aber ethische Werbung dient als Ihr Nordstern. Es erinnert Sie daran, dass es beim Erfolg in den sozialen Medien nicht nur um die Anzahl der Likes oder Follower geht. Es geht darum, sinnvolle Beziehungen aufzubauen, die auf Vertrauen und Respekt basieren. Wenn Sie sich in die Welt der Social-Media-Werbung wagen, lassen Sie sich von ethischen Überlegungen leiten und beobachten Sie, wie Ihr Unternehmen verantwortungsbewusst und profitabel floriert.

Schutz der Privatsphäre der Nutzer:
Im digitalen Zeitalter verschwimmt die Grenze zwischen öffentlichem und privatem Leben zunehmend. Die Monetarisierung Ihrer Online-Präsenz auf Plattformen wie Instagram und Facebook mag wie eine einmalige Gelegenheit erscheinen, aber sie bringt die wesentliche Verantwortung für den Schutz der Privatsphäre der Nutzer mit sich. Heute werden wir uns mit diesem Thema befassen und Strategien vorstellen, die Ihnen helfen, die

Privatsphäre Ihres Publikums zu schützen und gleichzeitig Ihre Social-Media-Gewinne zu steigern.

Beginnen wir mit den Grundlagen. Die Privatsphäre der Nutzer bezieht sich im Wesentlichen auf den Schutz personenbezogener Daten, die die Nutzer auf Ihren Plattformen teilen. Es ist die Gewissheit, dass ihre intimen Details nicht in die falschen Hände geraten oder missbraucht werden. Aber warum ist das wichtig? Nun, in einer Welt, die von digitalen Interaktionen dominiert wird, ist Privatsphäre die neue Währung. Es ist der Eckpfeiler des Vertrauens zwischen Ihnen und Ihrem Publikum und kann über Erfolg oder Misserfolg Ihres Social-Media-Unternehmens entscheiden.

Stellen Sie sich zur Veranschaulichung einen Fitness-Influencer vor, der ein Wellness-Produkt befürwortet. Das Unternehmen des Produkts fragt nach den E-Mail-Adressen der Benutzer für ein "kostenloses" Abonnement ihres Gesundheits-Newsletters. Aber schon bald erhalten die Nutzer Werbe-E-Mails, die nichts miteinander zu tun haben, was eine klare Verletzung ihrer Privatsphäre darstellt. Das Vertrauen zwischen dem Influencer und seinem Publikum wird erschüttert, was dem Ruf des Influencers schadet und seine Monetarisierungsbemühungen beeinträchtigt.

Nachdem wir nun die Bedeutung der Privatsphäre der Nutzer verstanden haben, wollen wir uns damit befassen, wie Sie sie schützen und gleichzeitig Ihre Social-Media-Präsenz monetarisieren können.

Erstens ist Transparenz der Schlüssel. Wenn Sie personenbezogene Daten von Ihrem Publikum sammeln, sollten Sie dies offen sagen. Geben Sie klar an, welche Daten Sie sammeln und warum. Ein gutes Beispiel dafür ist, wenn ein Beauty-Blogger ein Werbegeschenk veranstaltet. Möglicherweise müssen sie Adressen sammeln, um die Preise zu versenden, aber sie versichern den Teilnehmern, dass die Daten nicht für andere Zwecke verwendet werden.

Zweitens: Sichern Sie die von Ihnen gesammelten Daten. Implementieren Sie strenge Cybersicherheitsmaßnahmen, um unbefugten Zugriff auf die Informationen Ihrer Zielgruppe zu verhindern. Wenn Sie beispielsweise einen Abonnementdienst in Ihrem Blog betreiben, stellen Sie sicher, dass die Plattform SSL-verschlüsselt ist, um die Zahlungsdaten Ihrer Abonnenten zu schützen.

Drittens: Respektieren Sie das Recht Ihres Publikums, sich abzumelden. Wenn Sie Newsletter oder Produktaktualisierungen versenden, fügen Sie immer eine Option hinzu, mit der sich Benutzer abmelden können. Lassen Sie sich von einem Mode-Influencer inspirieren, der für eine Modelinie wirbt. Sie ermutigen ihren Follower vielleicht, sich für E-Mails über die neuesten Trends anzumelden, aber sie bieten Abonnenten immer eine unkomplizierte Möglichkeit, sich abzumelden.

Zu guter Letzt sollten Sie mit Marken zusammenarbeiten, die die Privatsphäre der Nutzer respektieren. Wenn Sie mit Unternehmen für Produktwerbung zusammenarbeiten, überprüfen Sie deren Datenschutzrichtlinien. Ein Reiseblogger arbeitet beispielsweise mit einem Hotelbuchungsdienst zusammen, prüft aber vorher, ob der Dienst Kundendaten an Drittanbieter verkauft.

Zusammenfassend lässt sich sagen, dass die Monetarisierung Ihrer Social-Media-Präsenz nicht bedeutet, die Privatsphäre der Benutzer zu gefährden. Tatsächlich kann der Schutz der Privatsphäre der Nutzer Ihre Monetarisierungsbemühungen verbessern, indem Sie eine Vertrauensbasis bei Ihrem Publikum aufbauen. Während wir uns in der digitalen Landschaft von Instagram, Facebook und darüber hinaus bewegen, sollten wir uns daran erinnern, dass unsere Follower nicht nur Zahlen auf einem Bildschirm sind, sondern echte Menschen mit echten Datenschutzbedürfnissen. Die richtige Balance zwischen Monetarisierung und Datenschutz ist nicht nur eine gute Ethik, sondern auch ein gutes Geschäft.

Umgang mit negativem Feedback:
Im Bereich der sozialen Medien, in dem tägliche Milliarden von Nutzern interagieren, ist negatives Feedback unvermeidlich. Egal, ob Sie ein Startup sind, das sich in die Welt des Instagram-Marketings wagt, oder ein erfahrener Unternehmer, der die Reichweite von Facebook nutzt, der Umgang mit Kritik kann eine

entmutigende Aufgabe sein. Es ist jedoch wichtig, negatives Feedback mit einer positiven Einstellung anzugehen und es als Chance für Wachstum und Verbesserung zu sehen. In diesem Kapitel erörtern wir, wie Sie ethisch und professionell mit solchem Feedback umgehen können, um potenzielle Fallstricke in Sprungbretter zu verwandeln.

Lassen Sie uns zunächst mit dem Mythos aufräumen, dass jedes negative Feedback schädlich ist. Ganz im Gegenteil, es kann eine Goldgrube an Erkenntnissen sein. Jeder Kommentar, jede Kritik wirkt wie ein Spiegel, der widerspiegelt, was in Ihrer Social-Media-Strategie funktioniert und was nicht. Es bietet die Möglichkeit, Ihr Unternehmen aus einer neuen Perspektive zu sehen - aus der Sicht des Kunden. Nehmen Sie dieses Feedback als Berater an, der in Ihren Erfolg investiert hat.

Wenn negatives Feedback eintrifft, ist Ihre erste Reaktion wichtig. Reagieren Sie schnell, aber überlegt. Übereilte, emotionale Reaktionen können die Situation eskalieren lassen. Nehmen Sie sich stattdessen einen Moment Zeit, um das Feedback zu verstehen. Ist es ein echtes Anliegen? Ist es konstruktive Kritik? Oder ist es einfach nur Trolling?

Bei echten Bedenken kann eine aufrichtige Entschuldigung viel bewirken. Erkennen Sie das Problem an und bringen Sie Ihr Engagement für eine Lösung zum Ausdruck. Wenn sich ein Kunde beispielsweise auf Facebook über eine verspätete Lieferung beschwert, könnte eine Antwort lauten: "Es tut uns wirklich leid für die entstandenen Unannehmlichkeiten. Wir prüfen dies und werden unser Bestes tun, um den Lieferprozess zu beschleunigen."

Konstruktive Kritik hingegen ist ein wertvolles Geschenk. Es zeigt Bereiche auf, in denen Verbesserungen möglich sind. Wenn jemand vorschlägt, dass es Ihren Instagram-Posts an Abwechslung mangelt, nehmen Sie das nicht als Beleidigung. Sehen Sie es als Anstoß zur Diversifizierung Ihrer Inhalte und nehmen Sie das Feedback mit Dankbarkeit zur Kenntnis.

Der Umgang mit Trollen oder schädlichen Kommentaren erfordert jedoch eine andere Strategie. In solchen Fällen sollten Sie sich nicht engagieren oder Vergeltung üben. Sie können die Kommentare löschen, den Benutzer blockieren oder melden, wenn sie gegen die Plattformrichtlinien verstoßen. Denken Sie daran, dass Ihr Online-Bereich eine Erweiterung Ihrer Marke ist und Sie dafür verantwortlich sind, ihre positive Wirkung aufrechtzuerhalten.

Darüber hinaus ist es wichtig, einen Krisenmanagementplan zu haben. Sollte Ihre Marke mit einer erheblichen Gegenreaktion oder Kontroverse konfrontiert werden, kann eine gut formulierte Reaktion den Schaden minimieren und Ihr Engagement für ethisches Verhalten zeigen. Starbucks zum Beispiel bot seinen Mitarbeitern nach einem umstrittenen Vorfall im Jahr 2018 Schulungen zu unbewussten Vorurteilen an.

Diese Antwort zeigte ihr Engagement, das Problem anzugehen und das Vertrauen wiederherzustellen.

Denken Sie schließlich daran, dass alle zuschauen: Ihr Follower, Ihre Kunden, sogar Ihre Konkurrenten. Die Art und Weise, wie Sie öffentlich mit negativem Feedback umgehen, kann das Image Ihrer Marke beeinflussen. Stellen Sie sicher, dass Ihre Antworten mit Ihrer Markenstimme und Ihren Werten übereinstimmen.

Letztendlich ist negatives Feedback kein Beweis für Misserfolge, sondern eine Einladung zum Wachsen. Indem Sie es mit Verständnis, Geduld und Professionalität angehen, können Sie Ihre Social-Media-Plattformen in einen Raum der kontinuierlichen Verbesserung verwandeln und letztendlich soziale Gewinne erzielen.

Erstellung eines Businessplans für die Monetarisierung von Social Media

Setzen Sie sich Ziele:
In der aufregenden Welt der sozialen Medien mag der Weg zur Monetarisierung wie ein gewundener Weg ohne klare Wegweiser erscheinen. Mit einem soliden Geschäftsplan, der auf erreichbaren Zielen basiert, kann diese Straße jedoch zu einer gut beleuchteten Autobahn werden, die direkt zu Ihrem Ziel führt: Erfolg. In diesem Kapitel erfahren Sie, wie Sie sich Ziele setzen, die nicht nur ehrgeizig, sondern auch praktisch, anpassungsfähig und auf Ihre einzigartige Social-Media-Reise zugeschnitten sind.

Das Herzstück jedes erfolgreichen Unternehmens ist ein Ziel – ein Leuchtfeuer, das jeden Schritt der Reise leitet. Bei der Monetarisierung von Social Media geht die Zielsetzung über die bloße Erklärung hinaus: "Ich möchte mit meiner Instagram- und Facebook-Präsenz Geld verdienen." Es geht darum, einen klaren, messbaren und zeitgebundenen Weg zur Rentabilität zu finden.

Beginnen wir damit, zu verstehen, was "erreichbare" Ziele bedeuten. Stellen Sie sich vor, Sie stehen am Fuße eines Berges und wollen den Gipfel erreichen. Ein erreichbares Ziel besteht nicht nur darin, an die Spitze zu gelangen. Es geht darum, die Schritte zu bestimmen, die erforderlich sind, um dorthin zu gelangen, die Zeit, die dafür benötigt wird, und die Ressourcen, die für die Reise benötigt werden. Es geht darum, sich die potenziellen Hindernisse vorzustellen und Wege zu ihrer Überwindung zu planen. In der Welt der sozialen Medien kann dies bedeuten, die Algorithmen der Plattform zu verstehen, Ihre Zielgruppe zu identifizieren und Ihre Content-Strategie ständig zu optimieren.

Der erste Schritt bei der Festlegung erreichbarer Ziele besteht darin, Ihr "Warum" zu definieren. Dies ist der Kernzweck Ihrer Social-Media-Präsenz. Möchten Sie Produkte verkaufen, Dienstleistungen anbieten oder sich als Vordenker in einer bestimmten Nische etablieren? Ihr "Warum" bildet die Grundlage Ihrer Ziele. Wenn Sie zum Beispiel ein Fitnesstrainer sind, könnte Ihr "Warum" lauten, "Menschen dabei zu helfen, ihre Gesundheits-

und Fitnessziele zu erreichen", und Ihr monetäres Ziel könnte lauten, "jeden Monat 20 neue zahlende Kunden zu gewinnen".

Sobald Ihr "Warum" klar ist, müssen Sie sich SMART-Ziele setzen – spezifisch, messbar, erreichbar, relevant und terminiert. Ein Ziel wie "Ich möchte viel Geld verdienen" ist vage und nicht hilfreich. Streben Sie stattdessen etwas Greifbareres an, wie z. B. "Ich möchte innerhalb der nächsten sechs Monate ein monatliches Einkommen von 5.000 US-Dollar mit meinen Social-Media-Plattformen erzielen." Dieses Ziel ist nicht nur konkret und messbar, sondern auch zeitgebunden.

Als Nächstes unterteilen Sie dieses übergeordnete Ziel in kleinere, überschaubare Meilensteine. Dabei kann es sich um wöchentliche oder monatliche Ziele handeln, die Sie motivieren und auf Kurs halten. Sie könnten zum Beispiel darauf abzielen, Ihr Follower jeden Monat um 10 % zu erhöhen oder jede Woche fünf neue Kunden zu gewinnen.

Es ist auch wichtig, dass Sie Ihre Ziele mit Ihren Ressourcen in Einklang bringen. Wenn Sie ein Solopreneur sind, der seine sozialen Medien verwaltet, ist es möglicherweise unrealistisch, sich das Ziel zu setzen, fünfmal am Tag zu posten. Ein erreichbareres Ziel könnte darin bestehen, dreimal pro Woche konsistent qualitativ hochwertige Inhalte zu veröffentlichen.

Denken Sie daran, mit Ihren Zielen flexibel zu sein. Die digitale Landschaft verändert sich rasant, und Sie müssen bereit sein, Ihre Ziele an diese Veränderungen anzupassen. Überprüfen und passen Sie Ihre Ziele regelmäßig auf der Grundlage Ihrer Leistungskennzahlen und sich ändernder Markttrends an.

Zu guter Letzt solltest du nicht vergessen, deine Siege zu feiern, egal wie klein sie sind. Jedes erreichte Ziel ist ein Schritt näher an Ihr ultimatives Ziel, Ihre Social-Media-Präsenz zu monetarisieren.

Auf dem Weg zur Monetarisierung der sozialen Medien ist die Zielsetzung kein einmaliges Ereignis. Es ist ein fortlaufender Prozess. Wenn Sie wachsen und sich weiterentwickeln, sollten auch Ihre Ziele wachsen. Fangen Sie also noch heute an, Ihre Ziele zu setzen, und begeben Sie sich auf Ihre aufregende Reise, um von sozialen Netzwerken zu profitieren!

Entwicklung einer Monetarisierungsstrategie

Die Monetarisierung Ihrer Social-Media-Präsenz auf Plattformen wie Instagram und Facebook ist sowohl eine Kunst als auch eine Wissenschaft. Es geht darum, die richtige Mischung aus Inhalten, Engagement und strategischen Partnerschaften zu schaffen, um eine nachhaltige Einnahmequelle zu schaffen. Um dies erfolgreich zu tun, benötigen Sie eine umfassende Monetarisierungsstrategie, die auf Ihre einzigartige Marke, Ihr Publikum und Ihre Ziele zugeschnitten ist.

Dieser Abschnitt führt Sie durch die wesentlichen Schritte zur Entwicklung dieser Strategie.

Verstehen Sie Ihre Zielgruppe

Der erste Schritt besteht darin, zu verstehen, wer Ihre Zielgruppe ist. Ihre Monetarisierungsstrategie wird nur dann erfolgreich sein, wenn sie bei Ihren Followern Anklang findet. Sehen Sie sich Ihre Analysedaten an, um die demografischen Daten, Interessen und Verhaltensweisen Ihrer Zielgruppe zu verstehen. Analysieren Sie, welche Beiträge das meiste Engagement erhalten und warum. Je besser Sie Ihre Zielgruppe kennen, desto effektiver können Sie Ihre Monetarisierungsbemühungen auf sie zuschneiden.

Stellen Sie sich vor, Sie betreiben einen Reiseblog auf Instagram, Ihr Publikum besteht hauptsächlich aus Millennials, die gerne ausgefallene Reiseziele erkunden. Ihre Monetarisierungsstrategie könnte dann Partnerschaften mit Ökotourismusunternehmen oder den Verkauf personalisierter Reiseführer umfassen.

Bestimmen Sie Ihr einzigartiges Wertversprechen

Ihre Unique Value Proposition (UVP) ist das, was Sie von Ihren Mitbewerbern abhebt. Es ist die einzigartige Mischung aus Fähigkeiten, Erkenntnissen oder Erfahrungen, die Sie Ihren Followern bieten. Ihre UVP ist der Kern Ihrer Monetarisierungsstrategie, da Sie sie direkt oder indirekt verkaufen werden.

Wenn Sie zum Beispiel ein Fitness-Influencer auf Instagram mit einem Hintergrund in der Physiotherapie sind, könnte Ihr UVP eine Kombination aus effektiven Trainingsroutinen und professionellen Ratschlägen zur Vermeidung von Verletzungen sein. Sie können diese UVP monetarisieren, indem Sie personalisierte Schulungspläne, Online-Kurse oder Beratungen anbieten.

Monetarisierungsmöglichkeiten identifizieren

Es gibt mehrere Möglichkeiten, Ihre Social-Media-Präsenz zu monetarisieren, aber nicht alle passen gut zu Ihrer Marke. Sie müssen herausfinden, welche Wege am besten zu Ihrer UVP und Ihrem Publikum passen. Dazu gehören unter anderem Werbung, Affiliate-Marketing, gesponserte Beiträge, der Verkauf von Produkten oder Dienstleistungen, Crowdfunding oder Online-Kurse.

Zum Beispiel könnte eine Facebook-Seite, die sich veganen Rezepten widmet, durch gesponserte Beiträge von veganen Lebensmittelmarken, den Verkauf eines E-Kochbuchs oder das Angebot von Online-Kochkursen Geld verdienen.

Erstellen Sie eine Content-Strategie

Ihre Inhalte sind die Grundlage Ihrer Monetarisierungsstrategie. Es ist das, was Follower anzieht und bindet, und es ist das, was Sie nutzen werden, um Geld zu verdienen. Ihre Content-Strategie sollte darlegen, welche Art von Inhalten Sie erstellen, wie oft Sie posten und wie jeder Inhalt mit Ihren Monetarisierungsbemühungen zusammenhängt.

Ein Make-up-Artist auf Instagram könnte eine Content-Strategie haben, die regelmäßige Make-up-Tutorials, Produktbewertungen (die Affiliate-Links enthalten können) und Beiträge umfasst, die Kundentransformationen zeigen, die für ihre Make-up-Dienstleistungen werben.

Partnerschaften aufbauen

Die Zusammenarbeit mit Marken, anderen Influencern oder Experten auf Ihrem Gebiet kann Ihre Reichweite vergrößern und neue Monetarisierungsmöglichkeiten eröffnen. Suchen Sie nach Partnerschaften, die zu Ihrer Marke passen und Ihren Followern einen Mehrwert bieten.

Zum Beispiel könnte eine Facebook-Gruppe, die sich auf nachhaltiges Leben konzentriert, mit umweltfreundlichen Marken zusammenarbeiten, um Werbegeschenke, gesponserte Inhalte oder Rabattcodes für Gruppenmitglieder zu erhalten.

Überwachen und Anpassen

Schließlich ist es wichtig, die Wirksamkeit Ihrer Strategie regelmäßig zu überprüfen und bei Bedarf anzupassen. Überwachen Sie Ihre Engagement-Raten, Ihr Follower-

Wachstum und Ihren Umsatz, um zu beurteilen, was funktioniert und was nicht. Soziale Medien sind dynamisch, und Ihre Strategie sollte es auch sein.

Wenn die gesponserten Beiträge Ihrer Instagram-Boutique beispielsweise nicht die erwarteten Verkäufe generieren, können Sie versuchen, Kundenreferenzen hervorzuheben oder stattdessen Flash-Verkäufe anzubieten.

Die Erstellung einer umfassenden Social-Media-Monetarisierungsstrategie ist keine einmalige Aufgabe. Es ist ein fortlaufender Prozess, der kontinuierliches Lernen, Testen und Anpassen erfordert.

Die Welt der sozialen Medien ist über einen bloßen Knotenpunkt für virtuelle Kommunikation hinausgewachsen. Es hat sich zu einem geschäftigen Marktplatz entwickelt, einem digitalen Reich, in dem das Gewinnpotenzial so groß ist wie Ihre Vorstellungskraft. Mit über 1,35 Milliarden Nutzern weltweit allein auf Instagram war die Möglichkeit, Ihre Online-Präsenz zu monetarisieren, noch nie so zugänglich wie heute. Aber wie verwandeln Sie Ihre Social-Media-Plattformen in profitable Unternehmungen? Dieses Kapitel führt Sie durch die Schritte zur Erstellung einer umfassenden Monetarisierungsstrategie für Ihre Social-Media-Präsenz.

Schritt 1: Identifizieren Sie Ihr einzigartiges Wertversprechen

Jedes erfolgreiche Unternehmen beginnt mit einem einzigartigen Wertversprechen (UVP). Ihre UVP ist die Kombination von Faktoren, die Sie von Ihren Mitbewerbern abheben. Es können Ihre einzigartigen Fähigkeiten, Ihr Wissen, Ihr Stil oder sogar Ihre persönlichen Erfahrungen sein. Es ist das, was dich ausmacht, DICH. Im Kontext von Social Media ist es wichtig, Ihre UVP zu verstehen und zu artikulieren, da sie als Grundlage für Ihre Branding- und Marketingbemühungen dient.

Wenn Sie zum Beispiel ein Fitness-Enthusiast sind, der ein Händchen dafür hat, unterhaltsame, ansprechende Workouts zu erstellen, könnte Ihr UVP Ihre Fähigkeit sein, Fitness für Menschen aller Fitnessstufen zugänglich und aufregend zu machen.

Schritt 2: Definieren Sie Ihre Zielgruppe
Ihre Zielgruppe ist die Gruppe von Personen, die sich am ehesten für Ihre UVP interessieren. Sie sind die Menschen, die brauchen oder wollen, was Sie anbieten, und die bereit sind, sich mit Ihren Inhalten, Produkten oder Dienstleistungen zu beschäftigen. Für den Fitness-Enthusiasten könnten dies Personen sein, die ihre Gesundheit und Fitness verbessern möchten, aber traditionelles Training im Fitnessstudio einschüchternd oder langweilig finden.

Schritt 3: Wählen Sie Ihre Monetarisierungsmethoden
Jetzt, da Sie ein klares Verständnis Ihrer UVP und Ihrer Zielgruppe haben, ist es an der Zeit, die

Monetarisierungsmethoden auszuwählen, die zu Ihrer Marke und den Vorlieben Ihrer Zielgruppe passen. Es gibt mehrere Möglichkeiten, Ihre Social-Media-Präsenz zu monetarisieren. Diese können von gesponserten Inhalten und Affiliate-Marketing bis hin zum Verkauf digitaler Produkte, Mitgliedschaften oder Coaching-Dienstleistungen reichen.

Zum Beispiel könnte der Fitness-Enthusiast eine Reihe von herunterladbaren Trainingsführern zum Verkauf erstellen, einen Premium-Abonnementdienst für personalisierte Fitnesspläne starten oder mit Fitnessgerätemarken für Affiliate-Marketing zusammenarbeiten.

Schritt 4: Erstellen Sie Ihre Content-Strategie
Ihre Content-Strategie ist die Roadmap dafür, wie Sie Inhalte nutzen, um Ihre Zielgruppe anzuziehen, zu binden und zu konvertieren. Es umfasst das Planen, Erstellen, Verteilen und Messen von Inhalten auf Ihren Social-Media-Plattformen. Der Inhalt sollte Ihre UVP widerspiegeln und Ihrem Publikum einen Mehrwert bieten, indem er es dazu ermutigt, sich mit Ihren Monetarisierungsmethoden zu beschäftigen.

Für unsere Fitness-Enthusiasten könnte dies bedeuten, regelmäßig kostenlose Trainingstipps und Motivationsbeiträge zu teilen und gleichzeitig für ihre kostenpflichtigen Angebote zu werben. Sie könnten Live-Workout-Sessions auf Instagram veranstalten und Erfolgsgeschichten ihrer Premium-Abonnenten teilen, um Glaubwürdigkeit aufzubauen und mehr Menschen zum Abonnieren zu verleiten.

Schritt 5: Legen Sie Ihre Ziele fest und verfolgen Sie sie
Das Festlegen von Zielen gibt Ihnen eine klare Richtung für Ihre Monetarisierungsbemühungen. Ihre Ziele sollten SMART sein - spezifisch, messbar, erreichbar, relevant und terminiert. Zum Beispiel könnten Sie versuchen, in Ihrem ersten Monat 1,000 US-Dollar durch den Verkauf von Trainingsanleitungen zu verdienen.

Genauso wichtig ist es, Ihre Ziele zu verfolgen. Es hilft Ihnen, Ihren Fortschritt zu bewerten und notwendige Anpassungen an Ihrer Strategie vorzunehmen. Nutzen Sie Social-Media-Analysetools, um Ihre Leistung zu überwachen und zu verstehen, was funktioniert und was nicht.

Finanzplanung:
Die Finanzplanung für die Monetarisierung von Social Media ist wie ein aufregendes Abenteuer. Es erfordert eine sorgfältige Vorbereitung, ein klares Verständnis des Geländes und den Mut, kalkulierte Risiken einzugehen. Um sicherzustellen, dass Ihre Reise profitabel ist, müssen Sie sich mit den notwendigen Tools ausstatten: Budgetierung, Einkommensprognose und Finanzanalyse.

Beginnen wir mit der Budgetierung. Die Budgetierung ist der Kompass, der Ihre Reise leitet. Es bestimmt, wie viel Sie bereit sind, in Ihr Social-Media-Geschäft zu investieren. Das Budget umfasst alles von der Erstellung von Inhalten, Marketing, Werbung, Kooperationen bis hin zu den Tools und Software, die für Ihren Betrieb erforderlich sind. Möglicherweise müssen Sie beispielsweise ein Budget für eine hochwertige Kamera oder ein Telefon für die Erstellung visuell ansprechender Inhalte, eine professionelle Bearbeitungssoftware oder ein Social-Media-Planungstool einplanen.

Ein Beispiel ist ein Fitness-Influencer, der plant, personalisierte Trainingspläne zu verkaufen. Möglicherweise müssen sie ein Budget für professionelle Fotoshootings, Website-Entwicklung und Marketingausgaben einplanen. Eine sorgfältige Aufschlüsselung dieser Kosten liefert ein klares Bild der erforderlichen Anfangsinvestitionen und hilft bei der Entwicklung eines strategischen Plans, um diese Kosten zu decken und schließlich einen Gewinn zu erzielen.

Lassen Sie uns als Nächstes über die Einkommensprognose sprechen. Dies ist der aufregende Teil, in dem Sie sich die potenziellen Einnahmen aus Ihren Social-Media-Monetarisierungsbemühungen vorstellen. Es ist jedoch wichtig, sich daran zu erinnern, dass Einnahmen aus sozialen Medien nicht immer sofort oder vorhersehbar sind. Ihre Einnahmen hängen weitgehend von der Monetarisierungsstrategie ab, die Sie gewählt haben, um Produkte oder Dienstleistungen zu verkaufen, Affiliate-Marketing, gesponserte Beiträge oder Werbeeinnahmen.

Wenn Sie beispielsweise ein Modeblogger sind, der plant, ein Online-Bekleidungsgeschäft zu eröffnen, könnte Ihr Einkommen aus dem Verkauf Ihrer Produkte stammen. Wenn Sie geschätzt haben, dass jedes Produkt Ihnen einen Gewinn von 10 US-Dollar einbringt, und Sie prognostizieren, 100 Produkte pro Monat zu verkaufen, könnten Sie möglicherweise monatlich 1,000 US-Dollar verdienen.

Denken Sie jedoch daran, mit Ihren Einkommensprognosen realistisch zu sein. Es ist immer besser, Ihr Einkommen zu unterschätzen und Ihre Ausgaben zu überschätzen, um mögliche Schwankungen und Unsicherheiten zu berücksichtigen. Dieser konservative Ansatz hilft Ihnen, sich auf unerwartete Veränderungen vorzubereiten und die Nachhaltigkeit Ihres Social-Media-Geschäfts zu gewährleisten.

Schließlich ist die Finanzanalyse das letzte Teil des Puzzles. Dazu gehört die regelmäßige Überprüfung Ihres Budgets und Ihrer Einkommensprognosen unter Berücksichtigung Ihrer tatsächlichen Leistung. Halten Sie sich an Ihr Budget? Sind Ihre Einkommensprognosen korrekt? Gibt es Bereiche, in denen Sie Kosten senken oder Einnahmen steigern können? Wenn Sie sich diese Fragen regelmäßig stellen, bleiben Sie auf dem richtigen Weg und nehmen die notwendigen Anpassungen an Ihrem Finanzplan vor.

Zum Beispiel könnte unser Modeblogger nach ein paar Monaten feststellen, dass seine Verkäufe nicht seinen

Vorhersagen entsprechen, aber seine gesponserten Beiträge außergewöhnlich gut abschneiden. Diese Erkenntnis kann dazu führen, dass sie ihren Fokus vom Produktverkauf auf die Sicherung von mehr Sponsoren verlagern.

Finanzplanung ist ein fortlaufender Prozess. Es entwickelt sich weiter, wenn Ihr Unternehmen wächst und Sie mehr über Ihr Publikum und die Social-Media-Landschaft erfahren. Aber lassen Sie sich nicht vom finanziellen Aspekt einschüchtern. Denken Sie daran, dass jede erfolgreiche Reise mit einem einzigen Schritt beginnt. Machen Sie diesen Schritt noch heute, bewaffnet mit Ihrem Finanzplan, und Sie sind der Verwirklichung Ihrer Träume von der Monetarisierung der sozialen Medien einen Schritt nähergekommen.

Letztendlich ist die Reise der Social-Media-Monetarisierung eine aufregende Fahrt. Mit der richtigen Finanzplanung folgen Sie nicht nur blind der Spur, sondern ebnen selbstbewusst Ihren Weg zum Erfolg. Bist du bereit, dich auszurüsten und dein Abenteuer zu beginnen?

In den kommenden Kapiteln werden wir uns eingehender mit jeder der Monetarisierungsstrategien befassen# Erstellen eines Geschäftsplans für die Monetarisierung sozialer Medien: Finanzplanung

Soziale Medien haben sich von einer einfachen Plattform für den Austausch persönlicher Gedanken und Fotos zu einem geschäftigen digitalen Marktplatz entwickelt. Mit über 1,35 Milliarden Nutzern weltweit allein auf Instagram ist es keine Überraschung, dass sich viele diesen Plattformen zuwenden, um ihren Lebensunterhalt zu verdienen. Wie bei jedem Unternehmen ist die Finanzplanung jedoch eine entscheidende Komponente, um Ihre Social-Media-Präsenz erfolgreich zu monetarisieren.

Die Bedeutung der Finanzplanung verstehen

Alles beginnt damit, dass Sie Ihr finanzielles Ziel verstehen. Planen Sie, Ihren Lebensunterhalt in Vollzeit mit Social Media zu verdienen oder handelt es sich um eine Teilzeitverdienstergänzung? Die Festlegung klarer finanzieller Ziele kann Ihnen helfen, einen realistischen Geschäftsplan zu erstellen und Ihre Fortschritte effektiv zu messen.

Die Bedeutung der Finanzplanung für die Monetarisierung sozialer Medien kann nicht hoch genug eingeschätzt werden. Es ist die Blaupause, die Ihr Online-Geschäft leitet und zeigt, wie viel Sie investieren müssen, wie Sie Ausgaben verwalten und vor allem, wie Sie Ihre Einnahmen maximieren können. Ohne einen gut durchdachten Finanzplan kann es sein, dass Sie mit unerwarteten Kosten überfordert sind oder Ihr Einkommenspotenzial unterschätzen.

Budgetierung für die Monetarisierung von Social Media

Die Budgetierung ist ein wesentlicher Bestandteil der Finanzplanung für Ihr Social-Media-Geschäft. Es geht darum, die Kosten zu verstehen, die mit dem Betrieb Ihres Online-Unternehmens verbunden sind. Diese Kosten können Ausrüstung (z. B. Kameras, Computer oder Beleuchtung für die Erstellung hochwertiger Inhalte), Werbekosten (für die Werbung für Ihre Inhalte oder Produkte) und potenzielle Gebühren für die Nutzung von Verkaufsplattformen oder die Zahlungsabwicklung umfassen.

Der Schlüssel zu einer erfolgreichen Budgetierung liegt darin, alle Ihre Ausgaben akribisch zu verfolgen. Verwenden Sie Software-Tools oder sogar eine einfache Tabelle, um jeden Cent zu notieren, der in Bezug auf Ihr Social-Media-Geschäft ausgegeben wird. Auf diese Weise können Sie Bereiche identifizieren, in denen Sie möglicherweise zu viel ausgeben, und Möglichkeiten zur Kostensenkung finden.

Einkommensprognose bei der Monetarisierung sozialer Medien

Die Einkommensprognose ist zwar etwas komplexer, aber ein ebenso wichtiger Aspekt Ihres Finanzplans. Die Monetarisierung von Social Media kann aufgrund der vielen beteiligten Variablen, wie z. B. Publikumsengagement, Markttrends und Algorithmusänderungen, unvorhersehbar sein. Mit sorgfältiger Analyse und Planung können Sie jedoch vernünftige Einkommensprognosen treffen.

Beginnen Sie damit, Ihre aktuellen Einkommensströme zu untersuchen. Verdienen Sie Geld durch gesponserte Beiträge, den Verkauf von Produkten oder das Anbieten von Dienstleistungen? Wie viel Einkommen generieren diese Quellen jeden Monat? Verwenden Sie historische Daten, um Muster und Trends zu erkennen.

Überlegen Sie dann, wie Sie Ihr Einkommen steigern können. Könnten Sie neue Produkte oder Dienstleistungen hinzufügen? Würde die Expansion auf eine andere Social-Media-Plattform Ihre Reichweite und damit Ihr Umsatzpotenzial erhöhen? Gehen Sie strategisch vor, um Ihr Einkommen zu steigern.

Stellen Sie sich zum Beispiel vor, Sie sind ein Fitnesstrainer, der eine beträchtliche Instagram-Fangemeinde aufgebaut hat. Sie haben durch gesponserte Beiträge und den Verkauf von Trainingsplänen ein regelmäßiges Einkommen erzielt. Aber du merkst, dass ein erheblicher Teil deiner Follower an personalisiertem Coaching interessiert ist. Durch das Anbieten von Online-Coaching-Diensten können Sie eine weitere Einnahmequelle hinzufügen und Ihr Einkommen erheblich steigern.

Abschließende Überlegungen

Der Weg zur Monetarisierung von Social Media ist sowohl mit Chancen als auch mit Herausforderungen verbunden. Der Schlüssel zu diesem Weg liegt darin, finanziell vorbereitet zu sein. Wenn Sie die finanziellen Aspekte Ihres Online-Geschäfts verstehen, können Sie einen soliden Geschäftsplan erstellen, der Sie in Richtung Ihrer Monetarisierungsziele bringt.

Denken Sie daran, dass die Finanzplanung keine einmalige Aufgabe ist, sondern ein kontinuierlicher Prozess. Wenn sich Ihre Social-Media-Präsenz weiterentwickelt, sollte sich Ihr Finanzplan anpassen. Überprüfen Sie regelmäßig Ihr Budget und Ihre Einkommensprognosen und nehmen Sie bei Bedarf Anpassungen vor. Dieser proaktive Ansatz wird Sie auf dem Weg zu Ihren finanziellen Zielen halten und Ihnen helfen, das Beste aus der aufregenden Welt der Social-Media-Monetarisierung zu machen.

Risikomanagement:
In der schnelllebigen und unberechenbaren Welt der sozialen Medien geht es nicht nur darum, Chancen zu ergreifen, sondern auch darum, Risiken zu managen. Auch wenn Sie auf der Welle des digitalen Unternehmertums reiten, ist es wichtig, die potenziellen Fallstricke im Auge zu behalten, die Ihre Reise zum Scheitern bringen könnten. Dieser Abschnitt von "Profit from Socials: Der optimale Leitfaden für Umsatz durch Instagram & More" führt Sie durch den Prozess der Identifizierung dieser Risiken und stattet Sie mit Strategien aus, um sie effektiv zu managen.

Risiken bei der Monetarisierung von Social Media verstehen

Der erste Schritt im Risikomanagement ist die Identifizierung potenzieller Risiken. Im Bereich der Monetarisierung von sozialen Medien können diese Risiken so volatil sein wie die Plattformen selbst. Sie können von Änderungen in den Social-Media-Algorithmen über schwankendes Publikumsengagement bis hin zum intensiven Wettbewerb zwischen Influencern und Schöpfern reichen.

Betrachten wir zum Beispiel das Beispiel von Emily, einer aufstrebenden Mode-Influencerin auf Instagram. Emily hat erfolgreich eine beträchtliche Fangemeinde aufgebaut und begonnen, Sponsorenverträge abzuschließen. Eine plötzliche Änderung des Algorithmus von Instagram verringert jedoch die Sichtbarkeit ihrer Inhalte, was zu einem deutlichen Rückgang des Engagements führt. Dies wirkt sich wiederum auf ihre Sponsoring-Möglichkeiten und ihr Einkommen aus. Eine solche unvorhergesehene Veränderung stellt ein Risiko dar, das mit der Monetarisierung sozialer Medien verbunden ist.

Risikoidentifikation und -bewertung

Um mit solchen Risiken umzugehen, müssen Sie diese proaktiv identifizieren und bewerten. Beginnen Sie mit der Durchführung einer SWOT-Analyse. Mit diesem einfachen, aber effektiven Tool können Sie Ihre Stärken, Schwächen, Chancen und Risiken identifizieren.

Emilys Stärken könnten zum Beispiel ihr einzigartiger Sinn für Mode und ihre engagierte Fangemeinde sein. Ihre Schwäche könnte darin liegen, dass sie sich auf eine einzige Social-Media-Plattform verlässt. Die Chance könnte der wachsende Markt für Mode-Influencer sein, während die Bedrohung Algorithmus-Änderungen oder aufstrebende Influencer in derselben Nische sein könnten.

Sobald Sie Ihre Risiken identifiziert haben, bewerten Sie sie. Welche Risiken treten eher ein? Welche davon hätten einen großen Einfluss auf Ihr Social-Media-Geschäft? Die Antworten auf diese Fragen helfen Ihnen, Ihre Risikomanagementbemühungen zu priorisieren.

Strategien für das Risikomanagement

Nachdem Sie Ihre Risiken identifiziert und bewertet haben, ist es an der Zeit, Ihre Risikomanagementstrategien zu formulieren. Diese Strategien beinhalten in der Regel entweder das Vermeiden, Reduzieren, Übertragen oder Akzeptieren des Risikos.

- Risikovermeidung: Dabei geht es darum, Entscheidungen zu treffen, die Sie ganz vom Risiko fernhalten. Wenn Emily ein potenzielles Risiko erkennt, wenn sie sich ausschließlich auf Instagram verlässt, kann sie dieses Risiko vermeiden, indem sie ihre Präsenz auf andere

Social-Media-Plattformen wie Facebook oder YouTube ausweitet.
- Risikominderung: Bei dieser Strategie geht es darum, die potenziellen Auswirkungen des Risikos zu mindern. Emily konnte das Risiko einer verringerten Sichtbarkeit aufgrund von Algorithmusänderungen verringern, indem sie sich darauf konzentrierte, eine starke Beziehung zu ihrem Publikum aufzubauen und es zu ermutigen, sich aktiv mit ihren Inhalten zu beschäftigen.
- Risikotransfer: Bei dieser Strategie wird das Risiko auf einen Dritten verlagert. Zum Beispiel könnte Emily mit anderen Influencern zusammenarbeiten, das Risiko streuen und gleichzeitig ihre Reichweite vergrößern.
- Risikoakzeptanz: Manchmal überwiegen die Kosten für das Management eines Risikos den potenziellen Schaden. In solchen Fällen könnte die beste Strategie darin bestehen, das Risiko zu akzeptieren und sich auf Wiederherstellungsstrategien zu konzentrieren.

Resilienz aufbauen

Letztendlich dreht sich beim Risikomanagement bei der Monetarisierung sozialer Medien alles um Resilienz. Es geht darum, sich von Rückschlägen zu erholen und Veränderungen agil zu bewältigen. Durch die regelmäßige Überprüfung und Aktualisierung Ihrer Risikomanagementstrategien können Sie sich an die sich ständig verändernde Landschaft der sozialen Medien anpassen und die Nachhaltigkeit Ihrer Monetarisierungsbemühungen sicherstellen.

Emily könnte zum Beispiel regelmäßig mit ihrem Publikum in Kontakt treten und sich über die neuesten Trends und Änderungen im Instagram-Algorithmus auf dem Laufenden halten. Auf diese Weise kann sie ihre Content-Strategie schnell anpassen und ihre Sichtbarkeit und Engagement-Raten aufrechterhalten.

Denken Sie daran, dass der Weg zur Monetarisierung in den sozialen Medien nicht immer reibungslos verläuft. Aber mit einem effektiven Risikomanagement können Sie durch die unruhigen Gewässer navigieren.

In der Welt der Social-Media-Monetarisierung ist ein gut formulierter Geschäftsplan genauso wertvoll wie die Inhalte, die Sie erstellen. Es zeigt Ihren Weg zum Erfolg auf und bietet eine solide Grundlage, auf der Sie Ihr Imperium aufbauen können. Ein wesentlicher Bestandteil dieses Plans ist die Identifizierung potenzieller Risiken und die Entwicklung von Strategien zu deren Bewältigung. Dies mag entmutigend erscheinen, aber mit dem richtigen Ansatz kann das Risikomanagement ein mächtiges Instrument in Ihrem Arsenal sein, das Ihr Unternehmen vor potenziellen Fallstricken schützt und die Voraussetzungen für nachhaltiges Wachstum schafft.

Beim Risikomanagement geht es nicht darum, alle Risiken zu eliminieren. Es geht darum, sie zu verstehen, für sie zu planen und sie in Chancen zu verwandeln. Der erste Schritt besteht darin, potenzielle Risiken zu identifizieren. Diese können extern sein, wie z. B. Änderungen der Social-Media-Algorithmen, Datenschutzrichtlinien oder Markttrends. Alternativ können sie intern sein, z. B. Engpässe bei der Erstellung von Inhalten, Cashflow-Probleme oder Teamstreitigkeiten.

Stellen Sie sich zum Beispiel vor, Sie sind ein Instagram-Influencer, der eine Marke rund um die Reisefotografie aufgebaut hat. Ein potenzielles externes Risiko könnten Änderungen am Algorithmus von Instagram sein, die Ihre Inhalte weniger priorisieren, was zu weniger Sichtbarkeit und Engagement führt. Ein internes Risiko könnte darin bestehen, dass Ihnen die Inhalte ausgehen, wenn Sie für einen bestimmten Zeitraum nicht reisen können.

Sobald Sie potenzielle Risiken identifiziert haben, besteht der nächste Schritt darin, diese zu bewerten. Einige Risiken können mit größerer Wahrscheinlichkeit eintreten oder größere Auswirkungen auf Ihr Unternehmen haben als andere. Wenn Sie Ihre Risiken priorisieren, können Sie Ihre Bemühungen dort konzentrieren, wo sie am dringendsten benötigt werden.

Kehren wir zu unserem Beispiel der Reisefotografie zurück. Wenn Instagram kürzlich seinen Algorithmus geändert hat und Sie einen Rückgang des Engagements feststellen, ist dieses Risiko sowohl hochwirksam als auch unmittelbar. Umgekehrt ist das Risiko, dass Ihnen der Inhalt ausgeht, geringer und kann später behoben werden, wenn Sie einen Rückstau an Reisefotos haben, die Sie teilen möchten.

Nachdem Sie Ihre Risiken bewertet haben, müssen Sie Strategien entwickeln, um sie zu managen. Dies kann bedeuten, das Risiko zu mindern, zu übertragen, zu akzeptieren oder ganz zu vermeiden.

Um bei unserem Beispiel zu bleiben: Sie könnten das Risiko von Algorithmusänderungen mindern, indem Sie Ihre Social-Media-Präsenz diversifizieren, vielleicht indem Sie sich auf Facebook verzweigen oder einen YouTube-Kanal starten. Sie können das Risiko von Engpässen bei der Erstellung von Inhalten übertragen, indem Sie einen virtuellen Assistenten oder freiberufliche Ersteller von Inhalten einstellen.

Allerdings sind nicht alle Risiken negativ. Manchmal kann das, was ein Risiko zu sein scheint, eine getarnte Chance sein. Zum Beispiel koennten Veraenderungen der Markttrends neue Nischen fuer Ihr Unternehmen eröffnen. Aktualisierungen der Datenschutzrichtlinien können zu mehr Vertrauen bei Ihrer Zielgruppe führen. Wenn Sie diese potenziellen Möglichkeiten nutzen, kann sich Ihr Unternehmen einen Wettbewerbsvorteil verschaffen.

Denken Sie daran, dass Risikomanagement ein fortlaufender Prozess ist. Die digitale Landschaft ist dynamisch und verändert sich ständig, daher ist es wichtig, Ihre Risikomanagementstrategien regelmäßig zu überprüfen und zu aktualisieren. So stellen Sie sicher, dass Sie auf alles vorbereitet sind, was auf Sie zukommt, und sich an neue Herausforderungen und Chancen anpassen können, sobald sie sich ergeben.

Zusammenfassend lässt sich sagen, dass eine solide Risikomanagementstrategie dazu beitragen kann, Ihr Unternehmen vor potenziellen Fallstricken zu schützen und gleichzeitig die Tür zu neuen Möglichkeiten zu öffnen. Indem Sie Ihre Risiken identifizieren, bewerten und managen, können Sie einen belastbaren und robusten Geschäftsplan erstellen, der Ihre Social-Media-Monetarisierungsbemühungen unterstützt und sicherstellt, dass Ihre Instagram- und Facebook-Präsenz auch in den kommenden Jahren profitabel bleibt.

Machen Sie noch heute den ersten Schritt. Identifizieren Sie Ihre Risiken, bewerten Sie deren Auswirkungen und beginnen Sie mit der Entwicklung Ihrer Strategien. Es geht nicht nur darum, Ihr Unternehmen zu schützen – es geht darum, die Chancen für Wachstum, Innovation und langfristigen Erfolg in der aufregenden Welt der Social-Media-Monetarisierung zu nutzen.

Und denken Sie daran: Jedes Risiko, das Sie effektiv managen, ist ein weiterer Schritt zur Beherrschung Ihrer sozialen Gewinne.

Fallstudie: Erfolgreicher Businessplan
Social Media ist zu einer wahren Goldgrube für versierte digitale Unternehmer geworden. Der Schlüssel zur

Entdeckung seiner Schätze? Ein strategischer Businessplan. In diesem Kapitel befassen wir uns mit einer Fallstudie eines erfolgreichen Geschäftsplans für die Monetarisierung von Social Media und demonstrieren die Macht der strategischen Planung in Aktion.

Lernen Sie Chloe kennen. Als begeisterte Reisende, Food-Enthusiastin und erfahrene Fotografin startete Chloe eine Instagram-Seite, @Chloe'sCuisineCruise, um ihre kulinarischen Abenteuer rund um den Globus zu teilen. Mit einer einzigartigen Mischung aus lebendigen Bildern, fesselnden Geschichten und Insidertipps trafen Chloes Inhalte den Nerv eines wachsenden Publikums, aber sie war sich nicht sicher, wie sie dieses Hobby in ein profitables Unternehmen verwandeln sollte.

Schritt eins ihres Businessplans war die Definition ihres Geschäftsmodells. Angesichts ihrer lebendigen Fangemeinde beschloss Chloe, durch gesponserte Posts, Affiliate-Marketing und digitale Produkte Geld zu verdienen. Dieser mehrgleisige Ansatz versprach mehrere Einkommensströme und erhöhte ihre Erfolgschancen.

Als nächstes führte Chloe eine gründliche Marktanalyse durch. Sie profilierte ihr Publikum und deckte seine demografischen Daten, Interessen und Kaufgewohnheiten auf. Diese Informationen waren entscheidend für die Gestaltung ihrer Content-Strategie und die effektive Ausrichtung ihrer gesponserten Beiträge und Affiliate-Marketing-Bemühungen.

Chloe machte sich dann daran, ihr Alleinstellungsmerkmal (USP) zu definieren. Mit Tausenden von Reise- und Food-Blogs, die um Aufmerksamkeit wetteifern, musste Chloe auffallen. Sie beschloss, sich auf erschwingliche, authentische und ethische Esserlebnisse zu konzentrieren, eine Nische zu füllen und bei ihrem bewussten, budgetbewussten Publikum Anklang zu finden.

Als nächstes kam ihre Content-Strategie. Chloe wusste, dass Konsistenz der Schlüssel war, und verpflichtete sich, täglich zu posten. Sie entwickelte einen Content-Kalender und plante Beiträge zu bestimmten Themen, lokalen Feiertagen und Trendthemen. Sie strebte auch eine Mischung aus gesponserten und nicht gesponserten Beiträgen an, um ihre Inhalte echt und ansprechend zu halten.

Um ihre Affiliate-Marketing-Strategie voranzutreiben, ging Chloe Partnerschaften mit Marken und Unternehmen ein, die bei ihrer Nische und ihrem Publikum Anklang fanden. Von lokalen Restaurants bis hin zu Reiseausrüstungsunternehmen wurden Chloes Partnerschaften sorgfältig ausgewählt, um sicherzustellen, dass sie mit den Interessen ihrer Marke und ihres Publikums übereinstimmen.

Chloe entwickelte auch digitale Produkte, um ihr Wissen und ihre Erfahrung zu monetarisieren. Sie erstellte ein E-Book mit dem Titel "The Budget Foodie's Guide to Global

Cuisine" und einen Online-Kurs mit dem Titel "Photography for Foodies". Diese Produkte boten ihrem Publikum einen weiteren Mehrwert, festigten ihre Autorität in ihrer Nische und boten gleichzeitig zusätzliche Einnahmequellen.

Chloe wusste, dass sie ihr Publikum aktiv einbeziehen musste, um erfolgreich zu sein. Sie ermutigte zu Kommentaren, reagierte prompt und pflegte ein Gemeinschaftsgefühl. Sie veranstaltete auch regelmäßig Werbegeschenke und Wettbewerbe, um das Engagement und die Sichtbarkeit zu steigern.

Um ihren Fortschritt zu verfolgen, definierte Chloe Key Performance Indicators (KPIs) wie Follower-Wachstum, Engagement-Rate, Klickraten bei gesponserten Beiträgen und Verkäufe digitaler Produkte. Die regelmäßige Überprüfung dieser KPIs ermöglichte es Chloe, ihre Strategien zu optimieren und sicherzustellen, dass sie auf dem richtigen Weg war, um ihre Ziele zu erreichen.

Chloes Geschäftsplan enthielt auch eine Risikomanagementstrategie. Sie identifizierte potenzielle Risiken, wie z. B. Algorithmusänderungen oder Partnerschaftsverluste, und entwickelte Pläne, um diese zu mindern. Dieser zukunftsorientierte Ansatz stellte sicher, dass ihr Unternehmen potenziellen Herausforderungen standhalten konnte.

Zwei Jahre später ist Chloe'sCuisineCruise ein florierendes Social-Media-Geschäft. Mit über 100.000

Followern, zahlreichen erfolgreichen Partnerschaften und einer Reihe profitabler digitaler Produkte ist der Erfolg von Chloe ein Beweis für die Kraft der strategischen Planung.

Von der Definition ihres Geschäftsmodells bis hin zum Risikomanagement hat Chloes umfassender Geschäftsplan maßgeblich zu ihrem Erfolg bei der Monetarisierung beigetragen. Ihre Reise ist ein Beispiel dafür, wie ein gut ausgearbeiteter Businessplan eine Leidenschaft in Gewinn verwandeln kann.

Diese Fallstudie ist nicht nur eine inspirierende Erfolgsgeschichte. Es ist eine Roadmap für Ihren eigenen Weg zur Monetarisierung von Social Media. Wie Chloe können Sie Ihre einzigartigen Leidenschaften und Fähigkeiten nutzen und mit einem engagierten Publikum in Kontakt treten.

Im heutigen digitalen Zeitalter haben sich soziale Medien von einer bloßen Networking-Plattform zu einem mächtigen Vehikel für finanziellen Gewinn entwickelt. Instagram und Facebook mit ihren Milliarden von Nutzern weltweit sind zu potenziellen Goldminen für versierte Unternehmer geworden. Um diese Plattformen erfolgreich zu erschließen, benötigen Sie jedoch mehr als nur eine brillante Idee oder ein einzigartiges Produkt. Sie brauchen einen gut ausgearbeiteten Geschäftsplan, der sowohl strategisch als auch anpassungsfähig ist. Dieses Kapitel befasst sich mit einer Fallstudie aus der Praxis und analysiert einen erfolgreichen Geschäftsplan für die Monetarisierung sozialer Medien.

Navigieren durch Veränderungen auf Social-Media-Plattformen

Bleiben Sie auf dem Laufenden über Änderungen:
In der schnelllebigen Welt der sozialen Medien ist es eine Kunst und eine Wissenschaft, der Zeit voraus zu sein. Hin und wieder führen Plattformen wie Instagram und Facebook Änderungen ein – Algorithmus-Optimierungen, Funktionserweiterungen, Richtlinienaktualisierungen –, die Ihr Unternehmen entweder zu neuen Höhen katapultieren oder, wenn es ignoriert wird, im Staub zurücklassen können. In diesem Kapitel werden wir uns mit der entscheidenden Aufgabe befassen, mit diesen Veränderungen Schritt zu halten und ihre Auswirkungen auf Ihre Monetarisierungsreise in den sozialen Medien zu verstehen.

Beginnen wir mit dem "Warum". Warum ist es so wichtig, über die Veränderungen auf Social-Media-Plattformen auf dem Laufenden zu bleiben? Einfach ausgedrückt, weil diese Plattformen Ihre Geschäftsarena sind. Sie sind der Ort, an dem Sie mit Ihrem Publikum in Kontakt treten, für Ihre Marke werben und letztendlich Ihre sozialen Gewinne erzielen. Jede Änderung an diesen Plattformen kann sich darauf auswirken, wie Sie all das tun.

Betrachten Sie das Beispiel von Instagram, das 2016 seinen Algorithmus einführte, der von chronologischen Beiträgen zur Priorisierung des "Engagements" überging. Diese Änderung schickte Schockwellen durch die Influencer-Community. Diejenigen, die sich schnell anpassten und ansprechendere Inhalte erstellten, die zu Likes und Kommentaren anregten, sahen, wie ihre Profile florierten. Andere, die an ihren alten Strategien festhielten, sahen einen spürbaren Rückgang ihrer Reichweite.

Wie können Sie also mit diesen sich ständig verändernden Plattformen Schritt halten? Hier sind einige Tipps, die Ihnen helfen, sich in den dynamischen Gewässern der sozialen Medien zurechtzufinden.

Machen Sie es sich zunächst zur Gewohnheit, regelmäßig die offiziellen Blogs oder Newsrooms der von Ihnen gewählten Plattformen zu überprüfen. Der Facebook Newsroom und der Instagram-Blog sind reichhaltige Ressourcen, die Updates ankündigen, neue Funktionen erklären und manchmal sogar Tipps geben, wie man sie effektiv nutzen kann.

Zweitens: Folgen Sie Branchenexperten und Social-Media-Nachrichtenagenturen. Diese Quellen bieten oft aufschlussreiche Analysen von Plattformänderungen und schlüsseln sie auf eine Weise auf, die leicht zu verstehen und zu implementieren ist. Sie können Ihnen dabei helfen, diese Änderungen in umsetzbare Strategien für Ihr Unternehmen umzusetzen.

Nehmen wir zum Beispiel, als Instagram im Jahr 2020 Reels einführte. Während der Blog von Instagram einen funktionalen Überblick gab, gaben Social-Media-Experten und Influencer praktische Tipps, wie man Reels für das Marketing nutzen kann, teilten Erfolgsgeschichten und wiesen sogar auf potenzielle Fallstricke hin, die es zu vermeiden gilt.

Drittens: Seien Sie Teil von Online-Communities. Treten Sie Foren bei, beteiligen Sie sich an Social-Media-Gruppen oder melden Sie sich für Newsletter an. Diese Plattformen fördern Diskussionen über die jüngsten Veränderungen und ermöglichen es Ihnen, von den Erfahrungen anderer zu lernen und Ihre eigenen Erkenntnisse zu teilen.

Zu guter Letzt: Experimentieren und anpassen. Jede Änderung bietet die Gelegenheit, neue Strategien auszuprobieren und zu sehen, was für Ihre Marke am besten funktioniert. Als Facebook 2018 sinnvolle Interaktionen in den Vordergrund stellte, begannen viele Unternehmen, mehr in den Aufbau von Communitys und nutzergenerierte Inhalte zu investieren.

Denken Sie daran, dass es nicht darum geht, auf jedes einzelne Update zu reagieren, das eingeführt wird, um über Änderungen in den sozialen Medien auf dem Laufenden zu bleiben. Es geht darum, zu erkennen, welche Änderungen für Ihr Unternehmen und Ihre

Zielgruppe am relevantesten sind, und sie dann in Ihre Gesamtstrategie zu integrieren.

Auf dem Laufenden zu bleiben, mag wie eine entmutigende Aufgabe erscheinen, aber betrachten Sie es als eine Investition. Eine Investition, um die Plattformen zu verstehen, die Ihr Unternehmen antreiben, um für Ihr Publikum relevant zu bleiben und die Langlebigkeit Ihrer Social-Media-Monetarisierungsbemühungen sicherzustellen.

In der Welt der sozialen Medien ist der Wandel die einzige Konstante. Aber mit dem richtigen Ansatz kann jede Veränderung ein Sprungbrett zu mehr Erfolg sein. Machen Sie sich also die dynamische Natur der sozialen Medien zu eigen. Bleiben Sie informiert, bleiben Sie anpassungsfähig und nutzen Sie weiterhin die Macht von Instagram und Facebook, um Ihre sozialen Gewinne zu steigern. Schließlich geht es bei der Beherrschung von Social Media nicht nur darum, auf den Wellen des Wandels zu reiten, sondern sie zu nutzen, um Ihr Unternehmen voranzubringen.

In der dynamischen Welt der sozialen Medien ist der Wandel die einzige Konstante. Plattformen entwickeln sich weiter, Algorithmen verändern sich und das Nutzerverhalten passt sich an. Für jeden, der seine Präsenz auf Instagram und Facebook monetarisieren möchte, ist es nicht nur von Vorteil, diese Veränderungen zu verstehen und zu steuern, sondern entscheidend. Dieses Kapitel bietet praktische Ratschläge, wie Sie über die neuesten Entwicklungen und deren Auswirkungen auf Ihr Online-Unternehmen auf dem Laufenden bleiben können.

Betrachten Sie den Fall von Emily, einer Lifestyle-Bloggerin, die sich auf Instagram eine beträchtliche Fangemeinde aufgebaut hatte, indem sie Einrichtungstipps und DIY-Bastelarbeiten teilte. Als Instagram seine Shopping-Funktion einführte, passte sich Emily schnell an. Sie hat sich mit Einrichtungsmarken zusammengetan, um deren Produkte in ihren Beiträgen vorzustellen und diese Artikel für ihre Follower zu markieren, damit sie sie direkt über die App kaufen können. Indem sie der Zeit voraus war, war Emily in der Lage, eine neue Gelegenheit zu nutzen und ihr Einkommen erheblich zu steigern.

Wie können Sie also Emilys Erfolg nachahmen und sicherstellen, dass Sie auf Veränderungen auf Social-Media-Plattformen vorbereitet sind? Hier sind ein paar Tipps:

1. Überprüfen Sie regelmäßig Plattform-Updates: Sowohl Instagram als auch Facebook aktualisieren häufig ihre Plattformfunktionen, Algorithmen und Richtlinien. Stellen Sie sicher, dass Sie alle neuen Aktualisierungen oder Änderungen regelmäßig überprüfen. Der Newsroom von Facebook und der Blog von Instagram sind hervorragende Quellen für offizielle Informationen.

2. Interagieren Sie mit Social-Media-Communities: Online-Communities wie Foren, Facebook-Gruppen oder LinkedIn-Gruppen können wertvolle Ressourcen sein. Diese Communities sind oft die ersten, die Veränderungen bemerken, ihre Auswirkungen diskutieren und Tipps und Strategien austauschen.

3. Nehmen Sie an Webinaren und Online-Kursen teil: Social-Media-Plattformen und viele Marketingunternehmen bieten Webinare und Kurse an, in denen neue Funktionen und Strategien untersucht werden. Diese können fundiertes Wissen und Erkenntnisse liefern, die umsetzbarer sind als das Lesen eines Blogbeitrags oder eines Nachrichtenartikels.

4. Folgen Sie Branchenexperten: Branchenexperten sind oft die ersten, die von Veränderungen erfahren und wertvolle Analysen und Ratschläge geben können. Erwägen Sie, Einzelpersonen und Organisationen zu folgen, die sich auf Social-Media-Trends spezialisiert haben, wie z. B. Social Media Examiner oder den Blog von Hootsuite.

5. Testen, Analysieren, Anpassen: Wenn eine neue Funktion oder Algorithmusänderung angekündigt wird, scheuen Sie sich nicht, zu experimentieren. Wenn Instagram zum Beispiel einen neuen Sticker für Stories auf den Markt bringt, probieren Sie ihn aus. Analysieren Sie, wie sich dies auf Ihr

Engagement auswirkt, und passen Sie Ihre Strategie entsprechend an.

6. Seien Sie bereit für den Schwenk: Schließlich sollten Sie sich darüber im Klaren sein, dass sich Social-Media-Plattformen verändern werden – und das sollte auch Ihre Strategie tun. Ein Plattform-Update könnte eine bisher erfolgreiche Strategie über Nacht obsolet machen. Anstatt sich dem Wandel zu widersetzen, sollten Sie ihn annehmen. Seien Sie bereit, Ihre Strategie zu ändern und neue Dinge auszuprobieren.

Zusammenfassend lässt sich sagen, dass es eine ständige Verpflichtung ist, mit den Veränderungen in den sozialen Medien auf dem Laufenden zu bleiben. Es erfordert Zeit, Mühe und die Bereitschaft zur Anpassung. Doch die Belohnungen sind es wert. Wenn Sie informiert und flexibel bleiben, können Sie Veränderungen zu Ihrem Vorteil nutzen – genau wie Emily.

Denken Sie daran, dass das Ziel nicht darin besteht, jedem neuen Trend oder jeder neuen Funktion nachzujagen, sondern zu verstehen, wie sich Änderungen auf das Verhalten Ihrer Zielgruppe und Ihre Fähigkeit, sie zu erreichen und mit ihr in Kontakt zu treten, auswirken. In der sich ständig weiterentwickelnden Landschaft der sozialen Medien gedeihen diejenigen, die sich anpassen. Lernen Sie also weiter, bleiben Sie flexibel und entwickeln Sie Ihre Social-Media-Strategie weiter. Die Zukunft ist spannend – und mit dem richtigen Ansatz können Sie sicherstellen, dass Sie nicht nur Schritt halten, sondern auch führend sind.

Anpassung an Algorithmus-Updates:
In der aufregenden Welt der sozialen Medien ist der Algorithmus die unsichtbare Hand, die unsere Erfolge und Misserfolge oft lenkt. Algorithmen sind das, was Social-Media-Plattformen wie Instagram und Facebook verwenden, um zu entscheiden, welche Beiträge im Feed eines Benutzers angezeigt werden sollen und in welcher Reihenfolge. Sie sind die sich ständig ändernden Spielregeln und zu verstehen, wie man nach ihnen spielt, ist entscheidend für Ihren Erfolg. In diesem Kapitel befassen wir uns mit der Kunst, sich an Algorithmus-Updates anzupassen, um sicherzustellen, dass Ihre Inhalte Ihr Publikum weiterhin effektiv erreichen.

1. Den Algorithmus verstehen:

Zunächst ist es wichtig zu verstehen, dass Algorithmen nicht Ihr Feind sind. Sie wurden entwickelt, um die Benutzererfahrung zu verbessern, indem sie den Menschen Inhalte zeigen, die ihnen wahrscheinlich gefallen und mit denen sie sich beschäftigen werden. Zum Beispiel priorisiert der Algorithmus von Instagram derzeit Beiträge basierend auf Faktoren wie Aktualität, Engagement, Beziehung zum Nutzer und Häufigkeit der Nutzung. Wenn Instagram feststellt, dass ein Nutzer Ihre Beiträge häufig mit "Gefällt mir" markiert oder kommentiert, werden ihm mehr von Ihren Inhalten angezeigt.

2. Auf dem Laufenden bleiben:

Algorithmus-Updates können, wie plötzliche, mysteriöse Veränderungen erscheinen, aber Social-Media-Plattformen liefern oft einige Informationen über größere Veränderungen. Wenn Sie über diese Aktualisierungen auf dem Laufenden bleiben, können Sie besser verstehen, warum sich die Leistung Ihrer Beiträge möglicherweise ändert. Folgen Sie den offiziellen Blogs von Facebook und Instagram, abonnieren Sie Newsletter von Social-Media-Experten und beteiligen Sie sich an relevanten Online-Communities, um auf dem Laufenden zu bleiben.

3. Passen Sie Ihre Inhalte an:

Wenn ein Algorithmus aktualisiert wird, bewerten Sie Ihre Content-Strategie. Wenn ein Update beispielsweise eine längere Benutzerinteraktion belohnt, möchten Sie möglicherweise ausführlichere, ansprechendere Inhalte erstellen. Wenn Videoinhalte priorisiert werden, sollten Sie in Betracht ziehen, mehr Videos in Ihre Beiträge einzubinden. Ziel ist es, Inhalte zu erstellen, die den Präferenzen des neuen Algorithmus entsprechen.

Schauen wir uns ein Beispiel aus der Praxis an. Als Instagram seinen Algorithmus aktualisierte, um Videoinhalte zu bevorzugen, stellte die Fitness-Influencerin Alex einen Rückgang des Engagements für ihre fotobasierten Beiträge fest. Anstatt in Panik zu geraten, passte sich Alex an. Sie begann, kurze Trainingsvideos in ihren Feed zu integrieren, was nicht nur zu einer Erholung des Engagements, sondern auch zu einem deutlichen Anstieg führte.

4. Binden Sie Ihr Publikum ein:

Algorithmen neigen dazu, Beiträge zu bevorzugen, die viel Engagement generieren (Likes, Kommentare, Shares). Ermutigen Sie Ihr Publikum, mit Ihren Beiträgen zu interagieren, indem Sie Fragen stellen, Kommentare einladen und auf Kommentare antworten. Der Aufbau einer Community rund um Ihre Marke kann dazu beitragen, dass Ihre Inhalte in den Feeds Ihres Followers bleiben.

5. Experimentieren und analysieren:

Scheuen Sie sich nicht, nach einem Algorithmus-Update mit verschiedenen Arten von Inhalten zu experimentieren, um zu sehen, was am besten funktioniert. Nutze die integrierten Analysetools auf Facebook und Instagram, um das Engagement und andere wichtige Kennzahlen zu überwachen. Im Laufe der Zeit werden diese Daten zeigen, welche Arten von Beiträgen unter dem neuen Algorithmus am besten abschneiden.

6. Geduld und Beharrlichkeit:

Denken Sie schließlich daran, dass die Anpassung an ein Algorithmus-Update Zeit braucht. Sie werden vielleicht nicht über Nacht eine Verbesserung sehen, aber lassen Sie sich nicht entmutigen. Halten Sie sich an Ihren Posting-Zeitplan, interagieren Sie weiterhin mit Ihrem Publikum und produzieren Sie weiterhin qualitativ hochwertige Inhalte.

Im Treibsand der sozialen Medien ist Anpassungsfähigkeit der Schlüssel. Algorithmus-Updates können entmutigend erscheinen, aber sie bieten auch Chancen für Wachstum und Innovation. Indem Sie auf dem Laufenden bleiben, Ihre Inhalte anpassen, Ihr Publikum ansprechen und Ihre Ergebnisse kontinuierlich testen und analysieren, können Sie Algorithmus-Updates mit Zuversicht und Geschick steuern.

Letztendlich läuft die Beherrschung der Kunst, sich an Algorithmus-Updates anzupassen, darauf hinaus, Ihr Publikum zu verstehen. Das Ziel des Algorithmus ist es, die Benutzer zufrieden zu stellen, daher sollte Ihr Ziel dasselbe sein. Wenn Sie sich darauf konzentrieren, Ihrem Publikum wertvolle, ansprechende Inhalte zu liefern, sind Sie bereits auf den Zweck eines jeden Social-Media-Algorithmus ausgerichtet. Stellen Sie also Ihr Publikum in den Mittelpunkt Ihrer Strategie, bleiben Sie flexibel und beobachten Sie, wie sich Ihre Erfolgsgeschichte in den sozialen Medien entfaltet.

Erkundung neuer Funktionen:

Die Welt der sozialen Medien ist eine lebendige, sich ständig verändernde Landschaft. Wie ein Künstler, der ein neues Meisterwerk enthüllt, führen Social-Media-Plattformen ständig neue Funktionen ein und bieten Ihnen eine Palette neuer Möglichkeiten, sich zu vernetzen, zu engagieren und zu monetarisieren. Das Verständnis dieser Funktionen ist vergleichbar mit der Beherrschung einer neuen Sprache, der Sprache der digitalen Rentabilität.

Lassen Sie uns in diese aufregende Erkundung eintauchen. Stellen Sie sich vor, Sie wären ein digitaler Pionier, der sich in die neuen Gebiete der ungenutzten Funktionen der sozialen Medien wagt. Der Schlüssel zu diesem Abenteuer? Experimentieren und strategischer Einsatz.

Denken Sie an die Einführung von Instagrams "Reels". Als diese Funktion zum ersten Mal eingeführt wurde, wurde sie als Reaktion auf den Erfolg der Kurzvideoplattform TikTok angesehen. Aber versierte Social-Media-Nutzer und Geschäftsleute sahen mehr - eine Chance. Reels mit seinen 15- bis 30-sekündigen Videoclips wurden zu einem neuen Weg, um Produkte zu präsentieren, nutzergenerierte Inhalte zu teilen und sogar schnelle Tutorials anzubieten. Die Marken, die diese Funktion schnell angenommen haben, haben sich einen erheblichen Vorteil verschafft, indem sie neue Zielgruppen erreicht und neue Monetarisierungskanäle geschaffen haben.

Jede neue Funktion ist eine potenzielle Goldgrube, die darauf wartet, entdeckt zu werden. Aber wie finden Sie heraus, welche Funktion Ihre Zeit wert ist und welche nicht? Es geht darum, Ihre Zielgruppe zu kennen und diese Funktionen mit der Identität und den Zielen Ihrer Marke in Einklang zu bringen.

Wenn Ihre Zielgruppe beispielsweise die jüngere, technisch versiertere Generation ist, könnten Sie mit den AR-Filtern von Instagram erfolgreich sein. Diese interaktiven Elemente können Ihre Marke auf ansprechende, spielerische Weise bewerben und das Social-Media-Erlebnis Ihres Publikums in eine immersive Reise mit Ihrer Marke verwandeln.

Wenn sich Ihre Marke hingegen an ein professionelles oder B2B-Publikum richtet, kann die Nutzung neuer Funktionen auf LinkedIn, wie z. B. die Funktion "Veranstaltungen" oder "Newsletter", Ihre digitale Sichtbarkeit erheblich steigern und Sie als Vordenker in Ihrer Branche etablieren.

Die Experimentierphase ist die Zeit, um mutig und kreativ zu sein. Scheuen Sie sich nicht, neue Ansätze auszuprobieren. Denken Sie daran, dass jede erfolgreiche Social-Media-Strategie heute einmal ein Glücksspiel war, das sich ausgezahlt hat.

Die "Live Shopping Fridays" von Facebook sind ein perfektes Beispiel dafür. Es war ein neues Feature, ein Glücksspiel, aber es eröffnete eine völlig neue Art der

Monetarisierung. Unternehmen könnten ihre Produkte in Echtzeit präsentieren, mit potenziellen Kunden interagieren, Fragen beantworten und Verkäufe tätigen, alles in einem Live-Format. Es fügte ein Maß an Authentizität und Transparenz hinzu, dass die Kunden liebten, was zu mehr Engagement und Umsatz führte.

Denken Sie jedoch daran, dass nicht jede Funktion mit Ihrer Marke übereinstimmt. Es ist wichtig, eine klare Vorstellung von Ihrer Markenidentität zu haben. Denken Sie daran, dass Sie nicht nur Trends hinterherjagen; Sie bauen eine nachhaltige und profitable Online-Präsenz auf.

Vergessen Sie nicht, Ihre Leistung zu verfolgen. Nutzen Sie die von diesen Plattformen bereitgestellten Analysetools, um das Engagement und den Return on Investment zu messen. Diese Daten sind von unschätzbarem Wert, um Ihre Strategie zu verfeinern und Ihre Nutzung dieser neuen Funktionen zu optimieren.

Also mach dich auf den Weg und erkunde diese neuen Gebiete. Umarme das Unbekannte. Man weiß nie, die nächste Funktion könnte der Schlüssel sein, um beispielloses Wachstum und Rentabilität für Ihre Marke zu erschließen. Seien Sie immer bereit, sich anzupassen, innovativ zu sein und diese Chancen zu nutzen. Schließlich ist im Bereich der sozialen Medien die einzige Konstante der Wandel, und mit dem Wandel kommen auch Chancen.

Denken Sie daran, dass Sie auf dieser Reise zu Profit from Socials nicht nur ein passiver Reisender sind. Du bist ein Abenteurer, ein Wegbereiter, der die digitale Welt so gestaltet, wie sie dich selbst prägt. Erforschen Sie weiter, innovieren Sie weiter, und Sie werden feststellen, dass die Welt der sozialen Medien nicht nur eine Bühne für Ihre Marke ist, sondern eine Leinwand für Ihre Kreativität und Ihren Unternehmergeist.

Migrieren Ihrer Zielgruppe:
In der sich entwickelnden Welt der sozialen Medien ist die Anpassung an Veränderungen nicht nur eine Entscheidung – es ist eine Notwendigkeit zum Überleben. Plattformen entstehen und fallen, Features kommen und gehen, und Trends ändern sich so schnell wie der Wind. Ein solcher entscheidender Aspekt ist die Notwendigkeit, Ihr Publikum zu migrieren, sei es auf eine neue Plattform oder als Reaktion auf signifikante Plattformänderungen. Dieser Abschnitt befasst sich mit effektiven Strategien für eine solche Migration, um sicherzustellen, dass Sie nie den Kontakt zu Ihrer wertvollen Community verlieren.

Stellen Sie sich Ihr Lieblingscafé in der Nachbarschaft vor. Sie sind Stammgast und haben eine Beziehung zu den Mitarbeitern aufgebaut, und andere Gäste sind zu Freunden geworden. Wenn das Café nun beschließt, an einen neuen Standort umzuziehen, möchten Sie dann nicht wissen, wo es sich befindet und welche neuen Funktionen es bietet? Genau so fühlt es sich an, Ihr Publikum zu migrieren.

Der erste Schritt bei der Migration ist eine effektive Kommunikation. Machen Sie Ihre Follower auf die bevorstehende Veränderung und Ihre Gründe dafür aufmerksam. Vielleicht wechseln Sie von Facebook zu Instagram, weil die neueren Funktionen des letzteren besser zu Ihrer Content-Strategie passen. Oder du passt deinen Content-Stil an, um dem neuesten Algorithmus-Update von Facebook gerecht zu werden. So oder so, Ihr Publikum verdient es, es zu wissen.

Ein fantastisches Beispiel ist, wie sich die beliebte Marke Glossier von einem Blog "Into the Gloss" zu einem vollwertigen Schönheits- und Hautpflegeunternehmen entwickelt hat. Sie kommunizierten ihre Entwicklung Schritt für Schritt und stellten sicher, dass ihr Publikum sie bei jedem Schritt begleitete.

Wenn Sie die Änderung kommunizieren, bewerben Sie die Vorteile, die Ihr Publikum auf der anderen Seite erwarten. Wenn Sie zu einer neuen Plattform wechseln, heben Sie die einzigartigen Funktionen hervor, die Ihr Publikum lieben wird. Vielleicht können Sie mit der "Reels"-Funktion von Instagram knackigere, ansprechendere Inhalte erstellen, oder die "Spaces" von Twitter bieten eine Plattform für intime Gespräche in Echtzeit.

Ziehen Sie als Nächstes eine Strategie der "sanften Migration" in Betracht. Anstelle eines plötzlichen Wechsels sollten Sie damit beginnen, Inhalte auf der alten und der neuen Plattform zu veröffentlichen. Diese schrittweise Migration bietet einen Puffer für Ihre Zielgruppe, wodurch der Übergang reibungsloser wird.

Denken Sie daran, dass bei der Migration der Inhalt König ist. Es ist die magnetische Anziehungskraft, die Ihr Publikum anzieht und bei der Stange hält. Nehmen wir den Fall der Verlagerung von National Geographic in Richtung Instagram. Sie verließen sich nicht nur auf ihren Ruf; Sie investierten in hochwertige Visuals und Storytelling und wurden zu einer der meistgefolgten Marken auf der Plattform.

Lassen Sie sich jedoch nicht von der Angst vor dem Verlust von Followern abschrecken. Seien Sie auf einen Verlust vorbereitet, aber denken Sie daran, dass ein treues, engagiertes Publikum weitaus wertvoller ist als ein größeres, passives. Wie der Unternehmer Gary Vaynerchuk oft sagt: "Tiefe, nicht Breite."

Aber was ist mit signifikanten Plattformänderungen, wie z. B. einem Algorithmus-Update? Diese können zwar disruptiv sein, sind aber auch Chancen. Algorithmusänderungen zielen oft darauf ab, die Benutzererfahrung zu verbessern, sodass die Ausrichtung auf sie die Reichweite und das Engagement Ihrer Inhalte erhöhen kann.

Als Instagram von einem chronologischen zu einem relevanzbasierten Feed überging, waren viele Unternehmen zunächst besorgt. Aber diejenigen, die sich anpassten, um ansprechendere, qualitativ hochwertigere

Inhalte zu erstellen, stellten fest, dass ihre Beiträge priorisiert wurden und sich ihre Engagement-Raten verbesserten.

Denken Sie schließlich daran, den Migrationsprozess zu überwachen. Nutzen Sie Analysen, um zu verstehen, wie Ihre Zielgruppe reagiert, und seien Sie bereit, bei Bedarf umzuschwenken. Es ist ein Lernprozess, und es gibt immer Raum für Verbesserungen.

Zusammenfassend lässt sich sagen, dass es bei der Zielgruppenmigration nicht darum geht, Ihre Follower zurückzulassen, sondern darum, sie gemeinsam zu neuen Horizonten zu führen. Es ist eine Reise der Anpassung, der Evolution und des Wachstums. Wenn Sie sich auf das Neue einlassen und sich durch die Veränderungen bewegen, denken Sie daran: Ihr Publikum ist aufgrund des einzigartigen Wertes, den Sie bieten, bei Ihnen. Am Ende, unabhängig von der Plattform oder dem Algorithmus, ist es das, was wirklich zählt.

Wenn Sie also dieses neue Kapitel aufschlagen, nehmen Sie Ihr Publikum mit. Schließlich lässt sich jede große Geschichte am besten gemeinsam genießen.

Fazit: Die Zukunft der Social Media Monetarisierung

Die Rolle der Innovation:

In einer Ära der Hyperkonnektivität verändert sich die digitale Landschaft in einem erstaunlichen Tempo. Eine Schlüsselkomponente, die dieses dynamische Umfeld vorantreibt, ist Innovation. Wenn wir über "Profit from Socials" sprechen, ist es absolut entscheidend, die Rolle der Innovation im Bereich der Monetarisierung sozialer Medien zu verstehen.

Innovation ist der Leuchtturm, der in der sich ständig weiterentwickelnden Welt der sozialen Medien wegweisend ist. Sie prägt die Art und Weise, wie wir interagieren, wie wir Inhalte konsumieren und vor allem, wie wir Werte schaffen und diese Plattformen monetarisieren. Während wir uns mit den Feinheiten der Monetarisierung sozialer Medien befassen, wollen wir untersuchen, wie Innovation unsere Strategien und unseren Ansatz beeinflusst.

Erstens müssen wir verstehen, dass es bei Innovation nicht immer darum geht, neue Dinge zu erfinden, sondern neue Wege zu finden, um das Bestehende zu nutzen. Instagram begann als einfache Foto-Sharing-App, aber innovative Köpfe erkannten ihr Potenzial als Geschäftsplattform. Heute, mit über 1,35 Milliarden Nutzern weltweit, ermöglicht es Millionen von Social-Media-Erstellern, erhebliche Einnahmen zu erzielen.

Denken Sie zum Beispiel an das Konzept der "Instagram-Shops". Es ist eine revolutionäre Funktion, die es Unternehmen ermöglicht, einen Online-Shop innerhalb der App selbst zu erstellen. Hier hat die Innovation

Instagram von einem reinen sozialen Netzwerk in einen geschäftigen digitalen Marktplatz verwandelt.

Innovationen haben auch den Weg für neue Formen von Inhalten geebnet. Nehmen wir als Beispiel den Aufstieg von Hörbüchern, einer Multi-Milliarden-Dollar-Industrie. Diese Form von Inhalten ermöglicht es Autoren, ein Publikum zu erreichen, das lieber zuhört als zu lesen, und bietet so eine völlig neue Einnahmequelle. In ähnlicher Weise hat das Aufkommen von Live-Streaming auf Facebook und Instagram Möglichkeiten für Echtzeit-Engagement und Monetarisierung geschaffen.

Der Trend des "Influencer Marketing" ist ein weiterer Beweis für die Innovationskraft bei der Monetarisierung von Social Media. Marken nutzen das Vertrauen und die Beziehung, die Influencer zu ihren Followern haben, um für ihre Produkte und Dienstleistungen zu werben. Aus dieser innovativen Marketingstrategie ist eine Milliarden-Dollar-Industrie entstanden.

Darüber hinaus hat die Innovation von Social-Media-Plattformen verschiedene Möglichkeiten eröffnet, Einnahmen zu erzielen. Mitgliedschaftsplattformen ermöglichen es Erstellern beispielsweise, ihren Abonnenten exklusive Inhalte zur Verfügung zu stellen und so eine stetige Einnahmequelle zu schaffen. In ähnlicher Weise haben das Aufkommen von E-Learning-Plattformen und die Möglichkeit, Online-Kurse zu hosten, Wissen zu einem lukrativen Gut gemacht.

Über Content- und Marketingstrategien hinaus hat Innovation den Monetarisierungsprozess selbst optimiert. Von der nahtlosen Integration von Warenkörben in Websites bis hin zu ausgefeilten Tools für das Anzeigen-Targeting hat die Technologie es Unternehmen und Erstellern erleichtert, Einnahmen zu erzielen.

Innovation bringt zwar Chancen, aber auch Herausforderungen mit sich. Ständige Änderungen von Algorithmen, Funktionen und Benutzerpräferenzen erfordern von uns, agil zu bleiben und unsere Strategien anzupassen. Hier kommt die Bedeutung des "innovativen Denkens" ins Spiel. Als Kreative oder Unternehmen müssen wir diese Veränderungen antizipieren, ihre Auswirkungen verstehen und erfinderische Wege finden, sie zu nutzen.

Schauen wir uns zur Veranschaulichung die Änderung des Facebook-Newsfeed-Algorithmus im Jahr 2018 an. Es begann, Beiträgen von Freunden und Familie Vorrang vor öffentlichen Inhalten zu geben, was zu einem deutlichen Rückgang der organischen Reichweite für Unternehmen führte. Diejenigen, die sich jedoch schnell anpassten und sich darauf konzentrierten, qualitativ hochwertige, ansprechende Inhalte zu erstellen, die Gespräche auslösten, sahen eine Verbesserung ihrer Reichweite und ihres Engagements.

Zusammenfassend lässt sich sagen, dass die Rolle der Innovation bei der Monetarisierung der sozialen Medien unbestreitbar ist. Es ist die treibende Kraft, die die Zukunft der Erstellung, des Teilens und der Monetarisierung von Inhalten auf diesen Plattformen weiterhin prägt. Auf unserem weiteren Weg wird es bei Profit from Socials von entscheidender Bedeutung sein, mit diesen Innovationen Schritt zu halten, eine innovative Denkweise zu entwickeln und sich an Veränderungen anzupassen.

Denken Sie daran, dass in der Welt der sozialen Medien diejenigen, die innovativ sind, dominieren. Lassen Sie uns auf unserer Reise durch die aufregende Welt der Monetarisierung sozialer Medien innovativ, anpassungsfähig und voraus bleiben.

Kommende Trends in den sozialen Medien
Die digitale Landschaft verändert sich ständig, und mit über 4 Milliarden Nutzern weltweit stehen Social-Media-Plattformen im Mittelpunkt dieser Entwicklung. Die Transformationen, die wir heute erleben, werden von Innovationen angeführt, die die Art und Weise, wie wir kommunizieren, interagieren und Geschäfte machen, neu definieren. Wenn wir in die Zukunft blicken, ist es für jeden, der seine Online-Präsenz monetarisieren möchte, von entscheidender Bedeutung, die kommenden Trends in den sozialen Medien zu verstehen.

Einer der vorherrschenden Trends, die wir sehen, ist die zunehmende Bedeutung von flüchtigen Inhalten. Ursprünglich von Snapchat stammend und schnell von Instagram und Facebook über "Stories" übernommen, verschwindet diese Form von Inhalten nach 24 Stunden. Sein Reiz liegt in seiner Flüchtigkeit, die die Nutzer dazu ermutigt, offenere, weniger ausgefeilte Inhalte zu teilen. Für die Monetarisierung bietet dies eine einzigartige Gelegenheit. Werbetreibende können durch zeitlich begrenzte Angebote oder exklusive Inhalte hinter den Kulissen Dringlichkeit und FOMO (Fear of Missing Out) erzeugen und so eine stärkere Kundenbindung fördern.

Der Aufstieg des sozialen E-Commerce ist ein weiterer erwähnenswerter Trend. Facebook Marketplace und Instagram Shop haben es Unternehmen ermöglicht, nahtlos direkt auf den Plattformen zu verkaufen. Die einfache Kaufabwicklung in Kombination mit der Möglichkeit, Nutzerdaten für gezielte Werbung zu nutzen, macht Social E-Commerce zu einem leistungsstarken Instrument zur Monetarisierung. Unternehmen können sich dies zunutze machen, indem sie einkaufbare Beiträge erstellen, die Produkt-Tagging Funktion von Instagram nutzen oder sogar mit Influencern für die Produktwerbung zusammenarbeiten.

Apropos Influencer: Der "Influencer"-Trend lässt nicht nach, sondern entwickelt sich weiter. Das Publikum von heute sucht nach Authentizität und Verbundenheit. Dies führt zu "Mikro-Influencern" – solchen mit weniger Followern, aber einem engagierteren Nischenpublikum. Mikro-Influencer haben oft höhere Engagement-Raten und ihre Empfehlungen können sich authentischer anfühlen, was sie zu wertvollen Partnern für

Unternehmen und Kreative macht, die ihre Plattform monetarisieren möchten.

Ein weiterer Trend, auf den man achten sollte, ist der verstärkte Einsatz von KI und maschinellem Lernen in den sozialen Medien. Von Chatbots, die Kundenservice bieten, bis hin zu algorithmischen Feed-Anpassungen für die Personalisierung verändert KI die Art und Weise, wie Unternehmen mit ihrem Publikum interagieren. Mit der Verbesserung dieser Technologie können wir ausgefeiltere Targeting- und Personalisierungsstrategien erwarten, die neue Wege für die Monetarisierung eröffnen.

Auch der Einsatz von Augmented Reality (AR) und Virtual Reality (VR) auf Social-Media-Plattformen wird zunehmen. Die Filter von Snapchat waren nur der Anfang. Heute bietet Instagram AR-Filter an, und Facebook investiert mit Facebook Horizon stark in VR. Für die Monetarisierung kann AR/VR immersive Erlebnisse bieten, die die Produktvisualisierung verbessern und so Kaufentscheidungen beeinflussen. Stellen Sie sich vor, ein Benutzer probiert Kleidung oder Make-up virtuell an, bevor er ein virtuelles Geschäft kauft oder besucht, diese Erfahrungen zeichnen sich am Horizont ab.

Man kann nicht über Social-Media-Trends sprechen, ohne Datenschutz und Datensicherheit zu erwähnen. Mit dem gestiegenen Bewusstsein und den Vorschriften zum Datenschutz sind Social-Media-Plattformen gezwungen, transparenter zu sein. Dies könnte sich auf die Targeting-

Fähigkeiten auswirken und von Unternehmen verlangen, ein Gleichgewicht zwischen Personalisierung und Datenschutz zu finden.

Schließlich kann der Anstieg des sozialen Aktivismus in den sozialen Medien nicht ignoriert werden. Immer mehr Nutzer erwarten von Marken und Influencern, dass sie zu sozialen Themen Stellung beziehen. Dies schafft eine Möglichkeit zur Monetarisierung durch Cause-Marketing oder Partnerschaften mit gemeinnützigen Organisationen. Authentizität ist hier jedoch entscheidend; Konsument*innen können performativen Aktivismus leicht durchschauen.

Die Landschaft der sozialen Medien verändert sich ständig, mit Trends, die kommen und gehen. Der Schlüssel zu einer erfolgreichen Monetarisierung liegt nicht nur darin, diesen Trends zu folgen, sondern sie zu verstehen, anzupassen und Wege zu finden, wie sie mit Ihrer Marke und Ihrem Publikum in Einklang gebracht werden können. Wenn Sie der Zeit voraus sind, können Sie Chancen ergreifen, sobald sie sich ergeben, und in der aufregenden Welt der Monetarisierung sozialer Medien weiterhin erfolgreich sein.

Chancen in den Schwellenländern:

In dieser sich ständig weiterentwickelnden digitalen Landschaft kann die Bedeutung der Schwellenländer in der Welt der sozialen Medien gar nicht hoch genug eingeschätzt werden. Das Erkennen des Potenzials für monetäre Gewinne in diesen Gebieten ist ein

Wendepunkt. Da mehr als die Hälfte der Weltbevölkerung heute online ist, waren die Möglichkeiten für die Nutzung von Social-Media-Plattformen wie Instagram und Facebook in Schwellenländern noch nie so groß wie heute.

Ein "Schwellenland" ist ein Begriff, der verwendet wird, um ein Land zu beschreiben, das sich in der Regel durch schnelles Wachstum und Industrialisierung weiterentwickelt. Diese Länder besitzen einige Merkmale entwickelter Märkte, aber es fehlen andere. Die BRICS-Staaten (Brasilien, Russland, Indien, China und Südafrika) werden oft als die größten und am schnellsten wachsenden Schwellenländer genannt. In diesem Kapitel werden jedoch auch andere Gebiete wie Südostasien, Lateinamerika und Afrika betrachtet, die sich schnell der digitalen Transformation stellen und folglich einen Anstieg der Nutzung sozialer Medien verzeichnen.

Eines der Hauptmerkmale dieser Schwellenländer ist ihre beeindruckende junge Demografie. Diese jungen, technisch versierten Bevölkerungsgruppen sind unglaublich aktiv auf Social-Media-Plattformen, was sie zu einem reifen Markt für Monetarisierungsstrategien macht. Hier gibt es zwei bedeutende Möglichkeiten: die Erweiterung des Publikums und lokalisierte Inhalte.

Erweiterung des Publikums

Da die Internetdurchdringungsraten in die Höhe schnellen, erwartet Sie in diesen aufstrebenden Märkten ein riesiges und frisches Publikum. Sowohl Unternehmen als auch Einzelpersonen können ihre Reichweite erweitern, indem sie Nutzer in diesen Ländern ansprechen. Von einem kleinen Unternehmen in Lagos, das Facebook-Anzeigen nutzt, um neue Kunden zu erreichen, bis hin zu einer Influencerin in Mumbai, die die Shopping-Funktion von Instagram nutzt, um Produkte an ihre Follower zu verkaufen, ist das Wachstumspotenzial enorm. Indem Sie Ihre Inhalte lediglich in eine lokale Sprache übersetzen oder mit lokalen Influencern zusammenarbeiten, können Sie Ihre Marke für diese neuen Zielgruppen relevant machen.

Lokalisierte Inhalte

Die zweite Möglichkeit liegt in der Erstellung lokalisierter Inhalte. Mit zunehmender Reife dieser Märkte suchen die Nutzer nach mehr als nur generischen globalen Inhalten - sie wollen etwas, das sie anspricht, das ihre Kultur, ihre Sprache und ihre Erfahrungen versteht. Hier kommen lokalisierte Inhalte ins Spiel. Indem Sie Inhalte erstellen, die diese Nutzer auf kultureller Ebene ansprechen, können Sie eine tiefere Verbindung zu ihnen aufbauen. Dies erhöht nicht nur Ihre Engagement-Raten, sondern erhöht auch die Glaubwürdigkeit Ihrer Marke in diesen Märkten.

Nehmen wir das Beispiel des globalen Musik-Streaming-Dienstes Spotify. Beim Eintritt in den indischen Markt hat Spotify seine Benutzeroberfläche nicht nur ins Hindi übersetzt. Es erstellte Playlists mit lokalen Künstlern, arbeitete mit Bollywood-Stars zusammen und entwickelte sogar Podcasts zur indischen Mythologie. Diese lokalisierte Strategie führte dazu, dass Spotify innerhalb eines Jahres nach seiner Einführung Millionen von Nutzern in Indien gewann.

In der Tat ist das Potenzial für die Monetarisierung sozialer Medien in Schwellenländern vielversprechend, aber es ist nicht ohne Herausforderungen. Dazu gehören die digitale Kluft, kulturelle Unterschiede und unterschiedliche regulatorische Rahmenbedingungen. Mit einem soliden Verständnis dieser Märkte und einer flexiblen Strategie können diese Herausforderungen jedoch in Chancen umgewandelt werden.

Zusammenfassend lässt sich sagen, dass die Schwellenländer eine neue Ära der Monetarisierung sozialer Medien einläuten. Sie bieten ein riesiges, unerschlossenes Publikum und einen Hunger nach lokalisierten Inhalten. Für Unternehmen, Influencer und Creator, die ihre Reichweite vergrößern und ihre Einnahmequellen verbessern möchten, stellen diese Märkte eine aufregende Grenze dar. Auf dem Weg in das digitale Zeitalter wird die Fähigkeit, diese Chancen zu nutzen, ein entscheidender Faktor für den Erfolg in der Welt der sozialen Medien sein.

Vorbereitung auf das Unbekannte:
In der sich ständig weiterentwickelnden Welt der sozialen Medien ist der Wandel die einzige Konstante. In der einen Minute sind Sie auf dem neuesten Stand, in der nächsten

sind Sie zwei Trends im Rückstand. Die Anpassung an den Treibsand dieses digitalen Terrains erfordert nicht nur Bewusstsein, sondern auch Weitsicht. Die Fähigkeit, das Unbekannte zu antizipieren und sich darauf vorzubereiten, kann den Unterschied zwischen Gedeihen und Überleben im Bereich der Monetarisierung sozialer Medien ausmachen. In diesem Kapitel statten wir Sie mit den Tools, Strategien und Denkweisen aus, die Ihnen helfen, der Zeit voraus zu sein, egal was die Zukunft bringt.

Zunächst einmal ist es wichtig zu verstehen, dass das Unbekannte nicht etwas ist, vor dem man sich fürchtet, sondern das man annehmen muss. Unsicherheit ist ein Katalysator für Innovation und Kreativität, zwei wichtige Bestandteile jeder erfolgreichen Social-Media-Strategie. Die erfolgreichsten Social-Media-Giganten, von Facebook bis Instagram, wurden nicht aus Angst vor Veränderungen zu Branchenführern. Sie stellten sich dem Unbekannten und verwandelten Ungewissheit in Chancen.

Anpassungsfähig zu bleiben ist der Schlüssel. Die digitale Landschaft befindet sich in einem ständigen Wandel, und Starrheit kann zu Obsoleszenz führen. Nehmen Sie eine wachstumsorientierte Denkweise an, die offen für neue Ideen ist, bereit ist, kalkulierte Risiken einzugehen, und flexibel genug, um bei Bedarf umzuschwenken. Diese Denkweise, gepaart mit kontinuierlichem Lernen, kann Ihnen helfen, jede grundlegende Veränderung zu bewältigen.

Eine weitere wichtige Strategie besteht darin, den Finger am Puls der Social-Media-Landschaft zu halten. Dazu gehört die ständige Überwachung der heißesten Trends, der am häufigsten gesuchten Keywords und der neuesten Datenerkenntnisse. So gehörten beispielsweise im Juni 2023 Keywords wie "YouTube", "Facebook" und "Instagram" zu den meistgesuchten Themen bei Google, was auf die anhaltende Dominanz dieser Plattformen und die potenziellen Möglichkeiten, die sie bieten, hindeutet.

Entwickeln Sie eine robuste digitale Präsenz über mehrere Plattformen hinweg. Man weiß nie, welche Plattform als nächstes durchstartet. Die Diversifizierung Ihres digitalen Fußabdrucks kann vor plötzlichen Änderungen der Popularität oder des Algorithmus einer Plattform schützen.

Die Entwicklung und der Verkauf digitaler Produkte und Dienstleistungen ist ein weiterer Trend, der an Dynamik gewonnen hat. Von eBooks bis hin zu Hörbüchern, von Online-Kursen bis hin zu Coaching-Diensten gibt es zahlreiche Möglichkeiten, Ihre Social-Media-Präsenz zu monetarisieren. Sogar Malbücher haben online einen lukrativen Markt gefunden. Der Schlüssel liegt darin, herauszufinden, was bei Ihrer Zielgruppe Anklang findet, und es mit Ihrer Marke in Einklang zu bringen.

Die Investition in ein Mitgliedschaftsmodell könnte ein entscheidender Faktor sein. Mitgliederseiten bieten Mitgliedern exklusive Inhalte und schaffen so eine treue

Community und eine stetige Einnahmequelle. Es ist eine Strategie, die sich auf verschiedenen Plattformen als effektiv erwiesen hat.

Während Sie sich auf die Zukunft vorbereiten, vergessen Sie nie den Wert Ihrer Community. Es ist Ihre Community, die Ihnen bei Trends und Algorithmen treu bleibt. Der Aufbau und die Pflege dieser Community sollte immer im Mittelpunkt Ihrer Strategie stehen.

Denken Sie schließlich daran, dass Daten Ihr Kompass sind. Analysieren Sie regelmäßig Ihre Metriken, um zu verstehen, was funktioniert und was nicht. Dieser datengesteuerte Ansatz kann Ihnen helfen, fundierte Entscheidungen zu treffen und Ihre Strategie effektiv anzupassen.

Zusammenfassend lässt sich sagen, dass die Zukunft der sozialen Medien ungewiss sein mag, aber mit der richtigen Denkweise und den richtigen Strategien können Sie sich auf das Unbekannte vorbereiten und es zu Ihrem Vorteil nutzen. Es geht darum, den Wandel anzunehmen, anpassungsfähig zu bleiben, Ihre Präsenz zu diversifizieren, innovativ zu sein und Ihrer Community immer Priorität einzuräumen. Die Zukunft der Monetarisierung von Social Media ist rosig, und mit diesen Strategien sind Sie gut gerüstet, um ihr Potenzial zu nutzen.

Abschließende Gedanken:

Zu Beginn dieses abschließenden Kapitels von "Profit from Socials: Earn Big with Instagram &; Facebook Monetarization Strategies" stehen wir am Abgrund einer aufregenden neuen Ära. Der Bereich der Monetarisierung sozialer Medien, einst eine wilde Grenze, ist zu einem gut kartierten Gebiet geworden. Dennoch verspricht es unzählige neue Entdeckungen für diejenigen, die mutig genug sind, sie zu erkunden.

Im Treibsand der digitalen Landschaft ist die Zukunft der Monetarisierung sozialer Medien ebenso aufregend wie unvorhersehbar. Jeden Tag entstehen neue Influencer, innovative Marketingstrategien und sich ständig weiterentwickelnde Algorithmen, die das Spiel neu definieren. Dieses Buch zielt darauf ab, Sie mit den Werkzeugen, Techniken und Denkweisen auszustatten, die erforderlich sind, um sich in diesem dynamischen Umfeld zurechtzufinden, und dieses letzte Kapitel versucht, einen Einblick in die Möglichkeiten der Zukunft zu geben.

Wie wir gesehen haben, sind Social-Media-Plattformen wie Instagram und Facebook mehr als nur Bühnen der Selbstdarstellung. Es sind lebendige Marktplätze, die vor Gewinnmöglichkeiten nur so strotzen. Mit mehr als einer Milliarde aktiver Nutzer ist Instagram ein geschäftiges Zentrum potenzieller Kunden, die reif für Verbindung und Engagement sind. Facebook bleibt trotz seiner langen Zeit im digitalen Raum ein Titan der Online-Interaktion.

Doch wenn wir in die Kristallkugel der Zukunft blicken, müssen wir uns auf das Unvermeidliche vorbereiten. Veränderung ist die einzige Konstante in der digitalen Welt. Die Tools, die heute effektiv sind, können sich morgen weiterentwickeln oder sogar veraltet sein. Aber denken Sie daran: Die Prinzipien der menschlichen Verbindung, der Wertschöpfung, des Vertrauensaufbaus – sie sind zeitlos. Sie sind Ihr wahrer Norden in der sich ständig verändernden Social-Media-Landschaft.

Eine der wichtigsten Erkenntnisse aus diesem Leitfaden ist die Idee der Anpassung. Ähnlich wie ein Segler, der seine Segel so einstellt, dass er den Wind am besten einfängt, müssen auch Sie lernen, Ihre Strategien an die sich ändernden Strömungen der Social-Media-Trends anzupassen. Aber keine Angst! Jede Änderung des Algorithmus, jede neue Plattformfunktion und jeder aufkommende Trend stellt eine neue Gelegenheit dar, sich zu vernetzen, zu engagieren und zu monetarisieren.

Denken Sie zum Beispiel an den Aufstieg von Live-Streaming und interaktiven Funktionen auf sozialen Plattformen. Im weiteren Verlauf erwarten wir, dass die Grenzen zwischen virtueller und realer Welt weiter verschwimmen. Dies bietet eine lukrative Gelegenheit für Echtzeit-Engagement, sofortiges Feedback und eine tiefere Verbindung zu Ihrem Publikum.

In ähnlicher Weise wird der wachsende Fokus auf Privatsphäre und Datenschutz wahrscheinlich personalisierte Marketingstrategien neugestalten. Dies mag zwar wie eine Herausforderung erscheinen, ist aber auch eine Gelegenheit, Vertrauen und Loyalität aufzubauen, indem Sie die Privatsphäre Ihres Publikums respektieren und die Datensicherheit zu einer Priorität machen.

Wer weiß, welche neuen Formen von Inhalten darüber hinaus den Social-Media-Bereich dominieren werden? Wird die Popularität von kurzen Videoinhalten weiter steigen? Wird Virtual Reality zur Norm? Das sind spannende Fragen, die auf unerforschte Möglichkeiten hindeuten.

Denken Sie bei all dem daran: Die Essenz der Monetarisierung sozialer Medien liegt nicht in den Algorithmen, sondern in der Kunst der Verbindung. Unabhängig von der Plattform oder dem Medium ist Ihre Fähigkeit, sich zu verbinden, zu kommunizieren und Ihrem Publikum einen Mehrwert zu bieten, der Schlüssel zur Erschließung sozialer Gewinne. Diese Wahrheit wird bleiben, unabhängig davon, wie sich die Landschaft verändern mag.

Zum Abschluss dieser Reise hoffe ich, dass "Profit from Socials" Sie nicht nur mit umsetzbaren Strategien ausgestattet, sondern auch eine anpassungsfähige Denkweise gefördert hat. Die Welt der Social-Media-Monetarisierung liegt bei Ihnen, um sie zu erkunden und zu erobern. Trauen Sie sich also zu träumen, wagen Sie es, innovativ zu sein, und vor allem, trauen Sie sich, sich zu vernetzen. Denn in der sich ständig verändernden Welt der sozialen Medien ist Vernetzung die Währung der Zukunft.

www.ingramcontent.com/pod-product-compliance
Lightning Source LLC
Chambersburg PA
CBHW071455220526
45472CB00003B/805